Anonymous

Die Galvanocaustik seit Middeldorpf

nach fremden und eigenen Erfahrungen für das praktische Bedürfniss

Anonymous

Die Galvanocaustik seit Middeldorpf

nach fremden und eigenen Erfahrungen für das praktische Bedürfniss

ISBN/EAN: 9783744612135

Hergestellt in Europa, USA, Kanada, Australien, Japan

Cover: Foto ©ninafisch / pixelio.de

Weitere Bücher finden Sie auf **www.hansebooks.com**

DIE
GALVANOCAUSTIK

SEIT MIDDELDORPF.

NACH FREMDEN UND EIGENEN ERFAHRUNGEN FÜR DAS
PRAKTISCHE BEDÜRFNISS

DARGESTELLT

VON

Dr. A. HEDINGER,
OHRENARZT UND ELECTROTHERAPEUT IN STUTTGART.

MIT 8 LITHOGRAPHISCHEN TAFELN.

STUTTGART.
VERLAG VON FERDINAND ENKE.
1878.

Herrn Dr. von Zech,

Professor der Physik am K. Polytechnikum in Stuttgart

in dankbarer Verehrung

gewidmet

Im Mai 1878.

vom Verfasser.

Vorwort.

Die Galvanocaustik, welche bis jetzt fast nur in den Operationssälen der Spitäler und einzelner Specialisten geübt wurde, ist berufen, auch die Freundin des praktischen Arztes zu werden und ihm in vielen Fällen das Messer zu ersetzen, in andern ihm dort zu dienen, wo er nicht oder nur sehr schwer schneidende Instrumente zu verwenden im Stande ist. Dass sie aber verhältnissmässig noch so wenig auch in grossen Städten von den Aerzten angewandt wird, daran dürfte jetzt, nachdem die Instrumente, Batterieen so vervollkommnet sind, hauptsächlich der Mangel einer compendiösen Anleitung, einer übersichtlichen Darstellung der zweckmässigsten Apparate Schuld sein.

Wäre der alte Middeldorpf noch am Leben, so existirte dieses Bedürfniss wohl nicht mehr, so aber sind mehr als drei Decennien verstrichen, bessere Apparate erfunden und erprobt worden, so dass der Wunsch nach einer, den jetzigen wissenschaftlichen Ansprüchen entsprechenden Beschreibung der Galvanocaustik um so weniger unerfüllt gelassen werden darf, als das unterdessen erschienene v. Bruns'sche Werk: „Die galvanocaustischen Apparate und Instrumente, ihre Handhabung und Anwendung", Tübingen, Laupp. 1878 — dem Bedürfnisse des praktischen Arztes durch seine zu grosse Ausdehnung nicht angepasst ist.

Verfasser, der sich seit 12 Jahren mit der Galvanocaustik täglich beschäftigt und fast sämmtliche schon construirte Batterieen und Instrumente selbst besitzt (Desaga, Bunsen Stöhrer, modificirte Bunsen'sche Chromsäure-Batterie, Blei platinmoor-Batterie, Gramme), erlaubt sich desshalb den Versuch, diese segensreiche Operationsmethode im obigen Sinne zu beschreiben.

Möchten auch Andere durch gleiche Erfolge, wie ich sie aufweisen darf, ermuntert werden, derselben immer weiter Verbreitung zu verschaffen!

Inhalt.

	Seite
Einleitung	1
Geschichtliches	4
Literatur	5

Erster Theil.

Physikalisches ... 7
  I. Galvanocaustische Batterieen mit 2 Erregungsflüssigkeiten ... 8
    1) die Zink-Eisen-Batterie ... 9
    2) die Zink-Platina- oder Grove'sche Batterie ... 10
    3) die Zink-Kohlen-Batterie
      a) nach Bunsen ... 12
      b) nach v. Bruns ... 12
    Füllung sämmtlicher Batterieen ... 13
    Nebenapparate ... 15
    Prüfung der Batterie ... 16
    Vergleich der verschiedenen Batterieen mit 2 Erregungsflüssigkeiten unter einander ... 17
  II. Galvanocaustische Batterieen mit einer Erregungsflüssigkeit ... 18
    Allgemeines ... 18
    Bunsen'sche Zink-Kohle-Chromsäure-Batterie ... 18
    Grenet-Stöhrer'sche Zink-Kohle-Chromsäure-Batterie ... 20
      Vorgänge in der Batterie mit einer Erregungsflüssigkeit ... 25
    v. Bruns'sche Zink-Kohle-Chromsäure-Batterie ... 26
    Zink-Platinmoor-Batterie ... 30
    Zink-Platinmoorblei-Batterie von v. Bruns ... 30
      Dauer der Gebrauchsfähigkeit ... 34
      Nachtheile derselben ... 35
    Die modificirte Bunsen'sche Chromsäure-Batterie ... 36
      Strommesser ... 37
      Umschalter ... 38
      Stromregulator ... 38
      Verbindungen ... 39
      Handhabung ... 39
      Vortheile dieser Batterie ... 41
    Die Gramme'sche Magnetoelectricitätsmaschine ... 42
      Zusammensetzung ... 43
      Vortheile ... 46
    Die Glühversuche ... 47

Zweiter Theil.

Die für die Galvanocaustik nöthigen Instrumente. Seite
A) Handgriff 52
   Universalhandgriff 52
   Handgriff für Brenner 52
   Handgriff für Schlinge 53
B) Die Ansätze 53
   I. Brenner 53
     a) Abnehmbare Ansätze.
       Formen derselben 55
     b) Unbewegliche Ansätze.
       Formen derselben 57
   II. Die Schneideschlinge 58
     Leitungsröhren 59
     Doppelstab 60
     Schlinge mit Schraubenvorrichtung 61
   III. Glühdraht 62

Dritter Theil.

Handhabung der einsäurigen Batterieen 63
Anwendung der galvanocaustischen Apparate 65
  1) der Brenner.
    Pagnelin's Thermocauter 66
    Anwendung der Brenner auf der Haut 67
      im Kehlkopf 68
      im Ohr 69
        a) äusseres Ohr 69
        b) Perforation des Trommelfells 71
        c) Ohrpolypen 71
      in der Nase 74
      im Nasenrachenraum 78
      in der Mundhöhle 81
        Hypertrophie der Tonsillen 81
        Zähne 83
      in der Harnröhre 84
      in der Scheide 84
      im Mastdarm 85
    Anhang 85
      Ignipunctur 86
  2) Der Schneideschlinge 89
    Galvanocaustische Amputation der Extremitäten 91
    Schlusswort 94
    Preise der galvanocaustischen Batterieen und Instrumente 96
    Erklärung der Tafeln 99

Einleitung.

Der electrothermische Effekt des galvanischen Stromes ist unter den verschiedenen Wirkungen desselben (die electrodynamischen, electrochemischen) derjenige, welcher in der Chirurgie gegenwärtig am meisten Anwendung findet. Der galvanische Strom erhitzt die Leiter, welche entweder wegen einer ihrer Substanz inhärirenden absoluten, oder einer durch zu wenig Masse bedingten, relativ geringern Leitungsfähigkeit seinem Durchgange Widerstand entgegensetzen.

Für diejenigen, welche die physicalischen Grundbedingungen des constanten Stromes studiren wollen, ist zu empfehlen: Zech, Bearbeitung von Dr. W. Eisenlohr's Lehrbuch der Physik (11. Aufl. Stuttgart. Engelhorn. 1876), da die Wiederholung der betreffenden Sätze aus den physicalischen Lehrbüchern hier zu umständlich wäre, ferner: Zech, die Physik in der Electrotherapie (Tübingen, Laupp. 1874).

Die galvanocaustische Wirkung ist keine electrische, sondern ein reiner Wärmeeffekt, welcher die bislang gebrauchten stärkeren Aetzmittel in vielen Fällen entbehrlich macht.

Die Vorzüge der Galvanocaustik vor anderen ähnlich wirkenden Agentien sind folgende:

1) Die Möglichkeit der Verwendung in Hohlräumen und Orten, wo das Auge dem Messer nicht folgen, überhaupt andere Instrumente nicht eingeführt werden könnten.

2) Die Compendiosität der Instrumente.
3) Einführung im kalten Zustande, wodurch keinerlei Nachtheil entsteht — ist ein Vorzug vor dem später zu beschreibenden Thermocauter, der nur im glühenden Zustande an den Ort der Einwirkung gebracht werden kann.
4) Möglichkeit, jeden Augenblick die Einwirkung zu unterbrechen.
5) Möglichkeit einer circumscripten Einwirkung.
6) Schnelligkeit und Sicherheit der Einwirkung.
7) Verhältnissmässig kurze Dauer des Schmerzes.
8) Einfachheit der Instrumente (Schlinge und Ansatz).
9) Gefahr der nachfolgenden reactiven Entzündung gleich Null.
10) Verhältnissmässige Furchtlosigkeit des Patienten (keine Messerscheu).
11) Bei aller Energie der Aetzwirkung hat keine Methode eine solch rasche Vernarbungstendenz gewisser Gewebe zur Folge. Eine galvanocaustische Perforation des Trommelfells z. B. heilt rascher als eine solche mittelst der Lanze (Nadel).
12) Die häufig fehlende Blutung. — Ausnahmen: Tonsillen, weiche Polypen, cavernöse und sehr blutreiche Geschwülste.

Anwendung. Im Speciellen werden die einzelnen Indicationen der Galvanocaustik später festgestellt, doch möge hier eine Uebersicht der häufigsten mit Galvanocaustik vorgenommenen Operationen Platz finden.

Zerstörung von Neubildungen auf:
1) der Haut: Lipome (Schlinge), Papillome, Condylome, Lupus, Carcinoma epitheliale der Lippen und des äussern Gehörgangs, cavernöse Geschwulst des äussern Ohrs, angeborene hautförmige Appendices des äussern Ohrs.
2) Schleimhäuten: Polypen des Kehlkopfs, der Nase, der Rachenhöhle, des äussern und mittlern Ohrs, Hypertrophie der Tonsillen (Schlinge und lineäre Cauterisation),

cavernöse Geschwülste und Cauterisation der granulirenden sowie cariös degenerirten Schleimhaut der Pauke und des Promontorium.

3) Anlegung von künstlichen Oeffnungen — Fistelöffnungen, Paracentese des Trommelfells.
4) Aetzung von Fisteln (Mastdarmfisteln).
5) Aetzung von torpiden Geschwüren (bei Caries etc.), Schanker.
6) Hämorrhoidalknoten und Geschwülste des Rectum und der Vagina.

Ausserdem zahlreiche Cauterisationen auf der Haut und auf Schleimhäuten der verschiedensten Organe. Am häufigsten geschah die Anwendung in Nase, Mundhöhle, Rachen und Ohr; hiebei geht die Zahl in die Tausende.

Geschichtliches.

Der erste, der die Galvanocaustik in die operative Chirurgie einführte, war Heider in Wien, auf Empfehlung des Physikers Steinheil in München, 1843, obwohl schon Phillips im Jahr 1832 die Operation eines Aneurysma nach dieser Methode ausgeführt hatte. Crusell in Petersburg operirte in Gegenwart von Pirogoff 1846 mit dem glühenden Platindraht. 1847 behandelten Bertani und Milani ebenfalls Varicen in dieser Weise. Drei Jahre später heilte Sedillot in Strassburg eine erectile Geschwulst durch electrische Glühhitze. Im Jahr 1850 empfiehlt John Marshall in London die galvanocaustische Methode zum Brennen und Schneiden. In Paris wurde erst 1852 von Nelaton und Leroy d'Etiolles damit operirt, und zwar wurden Bunsen'sche Elemente benützt.

Aber erst Middeldorpf in Breslau war es vorbehalten, 1853 der Begründer einer rationellen Galvanocaustik zu werden. Hat sich auch seit jener Zeit, da er „die Galvanocaustik, ein Beitrag zur operativen Medizin" herausgab (1854), manches verändert, so bleibt doch sein Buch noch immer die Basis für die Beschreibung der Galvanocaustik überhaupt.

Literatur.

Middeldorpf: die Galvanocaustik, Beitrag zur operativen Medizin. Breslau 1854.
Oliviero: Middeldorpf's Instrumentenapparat. Breslau 1869.
Althaus: a Treatise on medical Electricity. London 1870.
Voltolini: die Anwendung der Galvanocaustik im Innern des Kehlkopfs und Schlundkopfs, sowie in der Mund- und Nasenhöhle und den Ohren. Wien 1872.
Jacoby: Archiv für Ohrenheilkunde, zerstreute Aufsätze. V. Bd.
v. Bruns: Galvanochirurgie. Tübingen 1870.
v. Bruns: Handbuch der chirurgischen Heilmittellehre. Tübingen 1873, Bd. I. p. 657.
v. Bruns: Die galvanocaustischen Apparate und Instrumente, ihre Handhabung und Anwendung. Tübingen 1878. Laupp.
Hedinger: Medic. Correspondenzblatt, zerstreute Aufsätze, bes. 1870 No. 26. — 1877 No. 6—8. — Deutsche medic. Wochenschrift No. 22. 1878.
Zech: Physik in der Electrotherapie. Tübingen, Laupp. 1875.
Zech: Bearbeitung von Dr. W. Eisenlohr's Physik. Stuttgart, Engelhorn. 1876.
Väter: Prakt. Abhandlung über die medic. u. chirurg. Verwerthung der Electricität. Prag, Dominicus. 1874.
Bottini: Cav. Enrico: la Galvanocaustica nella pratica chirurgica. Milano 1876.
Beschreibung und Anweisung zum Gebrauch der galvanocaustischen Apparate von Dr. Emil Stöhrer. 1870.
Lewandowski: Die Anwendung der Electricität in der practischen Heilkunde. Wien 1878.
Julliard: de l'ignipuncture. Genève 1874.

C. Michel: Krankheiten der Nasenhöhle und des Nasenrachenraums. Berlin, Hirschwald. 1876.
Störk: Klinik der Krankheiten des Kehlkopfs, der Nase und des Rachens. Stuttgart, Enke. 1876.
Vierordt: Physiologie. Tübingen 1860. Laupp.
Remak: Galvanotherapie. Berlin, Hirschwald. 1878.
Frommhold: Electrolysis und Electrokatalysis. Buda-Pesth 1874.
Brenner: Untersuchungen und Beobachtungen aus dem Gebiete der Electrotherapie. Leipzig, Gieseke. 1868.
Zaufal: Prager medic. Wochenschrift vom Jahre 1877 u. 1878, zerstreute Aufsätze.

I. Theil.

Physicalisches.

Jeder Leiter, durch den ein galvanischer Strom geht, wird erwärmt[1]), d. h. ein Theil der Electricität wandelt sich in Wärme um. Die Menge Wärme, die in einem Draht erzeugt wird[2]), ist dem Quadrat der Stromstärke und dem Widerstand des Drahtes proportional, dagegen von der Natur des Drahtes ganz unabhängig.

Das Platin setzt dem Durchgang des electrischen Stromes einen grösseren Widerstand entgegen, als irgend ein anderes Metall, mit Ausnahme von Eisen und Neusilber, und wird desshalb in der Galvanocaustik angewendet. Der so erhitzte Draht ist fähig, cauterisirende Wirkungen hervorzubringen und nur mit solchen hat man es hiebei zu thun, keineswegs mit electrischen Einwirkungen auf den Körper.

Das Glühen der Drähte wird erleichtert durch die Eigenthümlichkeit aller Metalle, dass ihr Widerstand mit steigender Temperatur zunimmt, und zwar für jeden Grad über Null um $\frac{1}{273}$. Somit beträgt der Widerstand bei 1300°, eine Temperatur, die dem Weissglühen entspricht, ungefähr das Sechsfache.

---

[1]) Vgl. Zech a. a. O. S. 141. — Väter a. a. O. S. 365.
[2]) Vierordt S. 70. — Väter S. 365.

Nur darf man hiebei nicht übersehen, dass der Widerstand des Drahts kleiner sein muss, als der der übrigen Leitung, was allerdings gewöhnlich der Fall ist.

Da die Temperatur mit dem Quadrat der Stromstärke wächst und der Widerstand bei vollkommen metallischer Schliessung klein ist, so folgt, dass zum Glühendmachen von Drähten galvanische Elemente mit grosser electromotorischer Kraft und kleinem Widerstand, also Grove und Bunsen zu wählen sind. Da bei den eben genannten Batterieen aber zu jeder neuen Operation eine neue Füllung nöthig ist, so gab man sich in den letzteren Decennien Mühe, eine Combination von Metallen und Säuren zu finden, welche einen möglichst constanten Strom bei grosser Electricitätsmenge und kleinem Widerstand liefert, der durch viele Wochen andauert.

Diess erreicht man durch die **Zink-Kohle-Tauchbatterie mit Chromsäure** und ähnliche am sichersten.

Das Princip, auf dem dieselbe beruht, ist: die Oberfläche von Zink und Kohle sehr gross zu nehmen, und zwar die Oberfläche der Kohle um **mehr als das Doppelte** vom Zink, ebenso eine grosse Menge Flüssigkeit zu verwenden, um eine lange gleichbleibende Wirkung zu erzielen.

Bevor wir aber zur Beschreibung dieser übergehen, ist es nöthig, auf die bisher gebrauchten Batterieen einen Blick zu werfen.

I. Batterieen mit 2 Flüssigkeiten (Säuren)

und zwar: Schwefelsäure und Salpetersäure.

Will man nach dem Gesichtspunkt handeln: Es soll möglichst grosse Arbeit lange Zeit geleistet werden, so sind diese Batterieen auch heute nicht erreicht, geschweige denn übertroffen. Es sind diess folgende, der Qualität nach in aufsteigender Linie verzeichnet:

    die Zink-Eisen-Batterie,
    die Zink-Platina-Batterie,
    die Zink-Kohlen-Batterie.

1) Die Zink-Eisen-Batterie.

welche v. Bruns in seiner Galvanochirurgie (1870) und neuerdings des Ausführlichen[1]) beschreibt, soll hier ganz kurz besprochen werden, da ihre Nachtheile die Vorzüge so weit überwiegen, dass selbst v. Bruns, in dessen Klinik 1862—1864 ich dieselbe anwenden sah, sie jetzt in den Ruhestand versetzt hat[2]). Ich muss auch hier das richtige Urtheil des alten Middeldorpf bewundern, der schon 1854 anerkennt, dass sie starke Effekte gebe, aber sie sonst nicht empfiehlt. Davon, dass diese Batterie jemals in der Praxis Eingang finden würde, konnte überdiess nie die Rede sein, wegen des Ueberschäumens der Salpetersäure und ihrer hässlichen salpetrigsauren Dämpfe. Die Zink-Eisen-Batterie, von Hawkins zuerst angegeben und von Schönbein modifizirt, unterscheidet sich von den andern zweisäurigen Batterieen nur dadurch, dass Eisensterne statt Kohlen- oder Platinplatten verwendet werden. Das Eisen in Berührung mit concentrirter Salpetersäure wird passiv[3]), d. h. es wird von der Säure nicht angegriffen, so lange deren specifisches Gewicht 1,5 und mehr ist; bei einem specifischen Gewicht von 1,3 und weniger greift sie dasselbe an unter Entwicklung rother Dämpfe von Untersalpetersäure. Bei 1,35 ist sie bald activ, bald passiv. v. Bruns verwendet Salpetersäure von specifischem Gewicht 1,4. Die Passivität scheint durch Bildung einer oxydirten Schicht hervorgebracht zu sein. v. Bruns selbst führt die den Physikern wohlbekannte Erfahrung an, dass ein Zink-Eisen-Element mit concentrirter Salpetersäure zuweilen unter zunehmender Erhitzung salpetrigsaure Dämpfe ausstösst und überläuft, weil aus irgend welcher Ursache — Ablösung der oxydirten Schicht oder Verdünnung

---

[1]) Die galvanocaustischen Instrumente etc. Tübingen 1878.
[2]) v. Bruns. S. 320.
[3]) Zech: Die Physik in der Electrotherapie. S. 81 u. ff.

der Salpetersäure — die Passivität aufhört. Dieselbe Erfahrung hat man bei den Zink-Eisen-Batterieen gemacht, welche früher zur Herstellung des electrischen Lichts in Theatern verwendet wurden.

Der Eisenstern, aus Gusseisen gefertigt und jetzt durch einen einfachen Hohlcylinder aus Gusseisen ersetzt, stellt eine 28 Ctm. hohe und 3—4 Ctm. dicke cannelirte Säule dar, mit unterem und oberem geschlossenem Ende; auf dessen oberer Fläche erhebt sich in deren Mitte ein runder Zapfen mit Klemmschrauben, zur Befestigung der Verbindungsdrähte.

Der Zinkcylinder, oben ebenfalls mit Klemmschrauben versehen, stellt sich dar als eine aus 2—3 Mm. diekem Zinkblech gefertigte, oben und unten offene Röhre von 10 Ctm. Durchmesser und 32 Ctm. Höhe, welche an einer Stelle ihrer Wandung eine von oben nach unten durchlaufende schmale Spalte besitzt.

Die Thonzelle, in welche das Eisen zu stehen kommt, hat die Gestalt eines hohlen, dünnwandigen, oben offenen und unten geschlossenen Cylinders, welcher eine Weite von 8½ und eine Höhe von 30 Ctm. besitzt.

Das Ganze steht in einem Glasgefäss.

Zur Vervollständigung des Apparats gehören noch die zur Verbindung der beiden Elemente unter sich und mit den Leitungsschnüren dienenden Verbindungsdrähte, welche am besten aus einem 3—4 Mm. dicken Kupferdrahte angefertigt werden.

Die Thätigkeit des Apparats beginnt unmittelbar nach vollendeter Füllung und Einlegung der Verbindungsdrähte, erreicht aber erst nach Ablauf einer Viertel- bis halben Stunde ihre volle Höhe.

2) Die Zink-Platina- oder Grove'sche Batterie.

Grove'sche Batterie. Sie vereinigt im kleinsten Raume mit der geringsten Menge Flüssigkeit die verhältnissmässig stärkste Wirkung, ist vermöge ihres geringen Gewichts die transportabelste und die reinlichste, denn sie reinigt sich durch blosses Abspülen und Auswässern der Thonzellen. — Der theuerere Preis wird durch den sich gleichbleibenden Werth des Platins, das nicht angegriffen wird, wieder ausgeglichen.

Sie ist sehr constant in ihren Wirkungen. Ihre Einrichtung ist ziemlich einfach und den schon geschilderten Batterieen analog.

In Glascylindern von 18,5 Ctm. Grösse und 13 Ctm. Weite stehen die 11 Ctm. weiten, 17 Ctm. hohen, 38 Ctm. im Umfang habenden Zinkcylinder (4 Mm. stark). Darin befinden sich Thonzellen, in welchen die Platinasterne sichtbar sind. Die Flüssigkeiten, mit denen die Cylinder erfüllt werden, sind dieselben wie bei der Zink-Eisen-Batterie. Die wirksame Oberfläche der Metalle beträgt 900 ◻Ctm.

Zur Verhinderung der Entwicklung der salpetrigsauren Dämpfe hat Poggendorf empfohlen, auf die mit Salpetersäure gefüllten Zellen gut passende Deckel von Speckstein anzubringen, durch welche ein Platindraht geht, an den unten die Platinplatte angenietet, oben die Messingsäule zur Einführung der Leitungsdrähte angeschraubt ist.

Auch hier sind Combinationen zur Säule, einfachen Kette und Kette aus 2 Paaren durch Wechselscheiben hergestellt worden, mit deren Hilfe man sehr schnell durch Eintauchen in Quecksilbernäpfchen die Wirkung eintreten und ebenso schnell aufhören lassen kann.

3) Die Zink-Kohlen-Batterie.

Es sind von verschiedenen Mechanikern solche gebaut worden, ich erwähne aber nur die 2 folgenden. Die Säuren sind bei allen die gleichen, ebenso die Handhabung und Füllung.

a) Nach Bunsen.

Bunsen'sche Batterie. Diese wandte Middeldorpf mit Vorliebe und dem glänzendsten Erfolge [1]) in den letzten Jahren seiner Thätigkeit an. Die Vorrichtung ist folgende (Taf. I. Fig. 1):

Es sind 4 Elemente, je in einem Glasgefäss, in dem ein 25 Ctm. hoher, 10 Ctm. breiter Zinkcylinder sich befindet. Innerhalb dieses Cylinders steht eine Porcellanthonzelle von 25,5 Ctm. Höhe und 8 Ctm. Durchmesser und in letzterer Zelle schliesst die Kohlensäule [2]) von 26 Ctm. Länge und 55 Mm. Breite ab. Die in Betracht kommende Oberfläche der Kohle beträgt 528 ☐Ctm., im Ganzen also 2112 ☐Ctm.

b) Nach v. Bruns,

v. Bruns'sche Zink-Kohlen-Batterie. wobei die Kohlensäulen durch grosse Kohlencylinder von prismatischer Gestalt ersetzt sind [3]). Höhe der Prismen 30 Ctm., Peripherie 19—20 Ctm., Durchmesser 5 ½ Ctm. — Die übrigen Bestandtheile der Batterie sind genau dieselben wie bei der Zink-Eisen-Batterie. Die Schliessvorrichtungen dieser Batterieen sind sehr verschiedener Natur. Ich werde im Verlauf dieser Zeilen noch des Näheren und Oefteren darüber zu reden haben. Nur soviel sei hier bemerkt, dass sie gegenwärtig gegen früher bedeutend vereinfacht sind (vgl. Grenet-Stöhrer- und Chromsäurebatterie).

Eigenschaften der Zink-Kohlen-Batterie. Was die Stärke der Batterieen dieses Systems betrifft, so stehen sie keiner andern nach, wohl aber übertreffen sie die meisten andern, oder eigentlich alle, mit Ausnahme der Zink-Platina-Batterie, und werden auch jetzt noch hauptsächlich zur Erzeugung des electrischen Lichts verwendet, wofern man

---

[1]) Oliviero a. a. O. S. 7.
[2]) Die Kohle ist Gasretortenkohle.
[3]) Ueber die Glühwirkung hat v. Bruns sehr ausführliche Glühversuche gemacht, die in seinem oft citirten Werke nachgelesen werden können.

nicht die neuen magnetoelectrischen Apparate hiezu benützt, von denen wir am Schlusse sprechen werden. — Auch der verhältnissmässig geringe Preis empfiehlt sie. —

Die Bunsen'schen Elemente haben das Unangenehme, dass sie nicht verschliessbar sind, so dass, während der Strom geschlossen ist, die aufsteigenden rothen Dämpfe lästig fallen. Die salpetrigsauren Dämpfe, die bei den drei letzten Batterieen sich bilden, müssen entstehen, wenn die Polarisation aufgehoben werden soll.

Der Wasserstoff, der bei der Wasserzersetzung in dem Element zur Kohle, zum Eisen, zum Platin geht, trifft zunächst mit der concentrirten Salpetersäure zusammen und entzieht derselben Sauerstoff, um sich mit diesem zu Wasser zu verbinden. Damit fällt die Polarisation, aber die Salpetersäure wird rasch umgeändert. Alle genannten Elemente sind deswegen nur einige Stunden gleichbleibend und müssen bei jeder Operation frisch gefüllt werden.

Die Füllung

ist bei sämmtlichen angeführten Batterieen die gleiche. Füllung.

In das äussere Glas- oder Asphaltgefäss wird verdünnte Schwefelsäure gegossen. Das Verhältniss der Schwefelsäure zu Wasser ist 1:10. Die inneren Zellen werden mit concentrirter Salpetersäure bis 3 Ctm. unter den Rand des Gefässes gefüllt und sodann die verschiedenen Verbindungen, Leitungsdraht etc. hergestellt; selbstverständlich müssen die Verbindungsstellen am metallischen Theil des Apparats in blankem Zustand sich befinden. Ebenso müssen die Zinkcylinder gut amalgamirt sein. Letzteres kann bei der Bunsen'schen Batterie in sehr einfacher Weise stattfinden, man gibt zu jedem Element eine starke Messerspitze Quecksilberchlorid in das mit Schwefelsäure gefüllte Glas. Ist die Batterie im Gang, so zersetzt sich das Quecksilbersalz und die Amalgamirung des Zinkcylinders geschieht ganz von selber; auf diese Weise habe ich Jahre lang das Zink blank erhalten, andernfalls muss alle Viertel- bis alle Halbjahre je nach der Häufigkeit des Gebrauchs der Batterie das Amalgamiren vorgenommen werden. Dasselbe geschieht gewöhnlich in der Weise, dass man in einem grösseren flachen Teller die Zinkplatte mit verdünnter Schwefelsäure 1 : 6 übergiesst, worauf das Quecksilber aufgetragen und mit einer Bürste auf dem Zink verrieben wird, und zwar so lange, bis der Cylinder überall eine glänzende Oberfläche zeigt, hernach spült man denselben mit Wasser ab und lässt ihn an der Luft trocknen.

Middeldorpf goss[1]) bei seiner Batterie von Zeit zu Zeit, entweder während des Gebrauchs des Elements etwas Quecksilber zwischen Thonzelle und Glasgefäss zum Zinkcylinder, welches dann an diesem gleichsam in die Höhe steigt, oder er träufelte, wenn er das Element wieder auseinander nahm, auf die innere und äussere Fläche des noch feuchten Cylinders einige Tropfen Quecksilber, welche sich schnell auf ihr ausbreiten.

Zu der Schwefelsäuremischung benutzt er Acid. sulf. dilut.: 1 Theil auf 8 Theile Wasser. Diese Mischung wird auf die Weise bereitet, dass er die Schwefelsäure unter fortwährendem Umrühren des Wassers in dasselbe langsam giesst. Befindet sich dieses in einem Glasgefäss, so darf man die Schwefelsäure nicht an der Wand desselben herablaufen lassen, da bei der Mischung von Schwefelsäure und Wasser eine starke Erhitzung stattfindet, wodurch das Gefäss, indem diese dann besonders an einer Stelle intensiv wirkt, in Folge ungleicher Ausdehnung zersprengt werden würde. Vor der Benützung der Mischung lässt er sie erst abkühlen. Einmal bereitet kann sie 8—12mal gebraucht werden, indem er sie in einer Glasfläche von entsprechender Grösse mit eingeriebenem Glasstöpsel aufbewahrt. Selbstverständlich darf nur so viel von der verdünnten Schwefelsäure in die Batteriegläser

---

[1]) Oliviero a. a. O. S. 15.

gegossen werden, dass, wenn man die Thonzellen in dieselben gestellt hat, das Niveau der Schwefelsäuremischung von dem obern Rand der Thonzellen überragt werde, da sonst ein Ueberfliessen in diese statthaben könnte.

Die von Middeldorpf eingeführten Nebenapparate[1]), der Wechselstock und die Wechselscheiben sind jetzt wenig mehr im Gebrauch, da man mittelst des Umschalters von Brenner viel einfacher und sicherer manipulirt. Beide dienen zur Verbindung der Elemente untereinander und mit den Leitungsschnüren. Die durch den Strom erglühenden Platindrähte oder Platinstücke der galvanocaustischen Instrumente bieten nämlich diesem verschiedene Widerstände dar. Nebenapparate. Taf. I Fig. 5.

Es folgt nun aus dem Ohm'schen Gesetze, dass um Platindrähte oder Platinstücke durch den Strom zum Glühen zu bringen, der Leitungswiderstand derselben proportional dem Leitungswiderstand in dem Electricitätserreger sein muss. Dieser ist bei Combination der Elemente zur Kette am Geringsten, zur Säule am Grössten. Der Leitungswiderstand eines Platindrahtes oder -Stückes verhält sich aber proportional seiner Länge und umgekehrt proportional seiner Dicke, woraus hervorgeht, dass man im Allgemeinen bei langen dünnen Drähten die Combination zur Säule, bei kurzen dicken Platinstücken die Combination zur Kette oder zur Säule aus 2 Paaren wählen muss, um die stärkste Glühwirkung zu erhalten. Es ist auch leicht einzusehen, dass nicht immer die Combination von 4 Elementen nöthig sein wird, sondern auch 3, 2 oder 1 Element unter Umständen zur beabsichtigten Wirkung ausreichen werden, je nach dem relativen Leitungswiderstand des Platintheils des Instruments und je nachdem man ihn schwächer oder stärker erhitzen will. Ebenso wird man, wenn z. B. die Säule aus 2 Paaren bei frischen Säuren die stärkste Wirkung hatte, bei schon gebrauchten und dadurch geschwächten Säuren Ohm'sches Gesetz.

---

[1]) Middeldorpf a. a. O. S. 28. — Oliviero S. 10 u. 7.

eine andere Combination wählen und die einzelnen Combinationen in Betreff ihrer Wirksamkeit prüfen müssen.

Des Näheren wird über die Sache noch einmal bei der modificirten Bunsen'schen Chromsäurebatterie die Rede sein.

Ist nun der Apparat zusammengesetzt, so prüft man mittelst des Middeldorpf'schen Tasterzirkels, dessen Spitzen von kurzen Platindrahtstücken gebildet sind und den man an die beiden metallischen für die Leitungsschnüre bestimmten Verbindungsstücke (Klemmschrauben) ansetzt, ob starke Funken entstehen: in diesem Falle ist die Batterie in Ordnung.

Die Leitungsdrähte selbst bestehen der Biegsamkeit halber je aus circa zwanzig 0,4 Mm. dicken Kupferdrähten, die mit Kautschuk überzogen werden, um eine Berührung mit Säuren und dergl. zu vermeiden.

Prüfung der Batterie. Um zu sehen, ob kein Fehler in den mit der Batterie verbundenen Leitungsdrähten liegt, müssen die beiden freien Enden derselben einander genähert werden, bis starke Funken entstehen, andernfalls sind die Leitungsdrähte nicht in Ordnung. Auf diese Weise wird die Prüfung des ganzen Apparats inclus. des Handgriffs und der Ansätze vorgenommen. Kann man nämlich einen Fehler in der Zusammensetzung der Batterie oder Leitung ausschliessen, so handelt es sich nur um Mängel im Handgriff oder den Ansätzen, vorausgesetzt, dass keine groben Verstösse gegen die allgemeinen physicalischen Principien begangen worden sind, und die Verbindungen überall mit nöthiger Sorgfalt und Festigkeit angebracht sind.

Das Auseinandernehmen der Batterie wird in umgekehrter Reihenfolge wie die Zusammensetzung vorgenommen.

Die metallischen Theile (Zinkcylinder, Platinbleche, Eisensterne) sowie die Kohlen müssen sorgfältig von der Säure gereinigt und in Wasser gestellt werden. Die Thonzellen selbst werden mit Wasser gefüllt, welches mehrere Tage lang je einmal erneuert werden muss, so lange, bis das Wasser nicht mehr sauer reagirt. Die Säuren selbst können bei kurzem Gebrauch der Batterie einigemale verwendet werden; doch wird der Strommesser und das Glühen der Drähte bald zeigen, ob Erneuerung nöthig ist oder nicht. Die stärkste Wirkung gibt natürlich jedesmal frische Füllung.

Vergleich der verschiedenen Batterieen mit zwei Erregungsflüssigkeiten untereinander.

Wenn auch zugegeben werden muss, dass mit jeder dieser drei Batterieen sehr grosse Glühwirkung erzielt werden kann, so bezeichnet doch die allgemeine Annahme der Physiker die Grove'sche Batterie als die für thermische Effekte geeignetste [1]) und stimmt hierin auch mit Middeldorpf's und Anderer Erfahrungen überein, so dass jetzt die Zinkplatinbatterie nach Grove allgemein als die zuverlässigste dieser Reihe bezeichnet wird. Sie ist zwar die theuerste, aber die reinlichste, und mit dem Deckel von Speckstein hat sie eben nur den Nachtheil, doppelte Säuren zu besitzen und die Unbequemlichkeit der jedesmaligen Leerung, dagegen die denkbar stärkste und zuverlässigste Glühwirkung. Darnach kommt die Zinkkohlenbatterie, die aber nicht so zuverlässig ist in Glühwirkung und Dauer, zuletzt rangirt wegen des so sehr häufigen Ueberschäumens und der grossen Schwere des ganzen Apparats die Zinkeisenbatterie.

Die Glühwirkung aller Batterieen genügt, um einen Draht von 0,5—1,0 Mm. Dicke und 30—40 Ctm. Länge für einige Zeit in Weissglühhitze zu versetzen. Die Zeitdauer ist verschieden, am längsten bei Grove, jedenfalls aber dauert sie viel länger, als eine galvanocaustische Operation bedarf.

Wirkung der Batterieen.

---

[1]) Man wendet sie auch fast immer zur Herstellung des electrischen Lichtes an, bevor man den Gramme'schen Apparat kannte.

II. Batterieen mit einer Erregungsflüssigkeit.

Allgemeines. Das hauptsächlichste Desiderat für Verbreitung der galvanoeaustischen Batterieen war die Vereinfachung derselben, die Ersparung einer Säure, d. h. der Salpetersäure mit ihren unangenehmen salpetrigsauren und untersalpetrigsauren Dämpfen. Kam dann noch die weitere Annehmlichkeit hinzu, die Flüssigkeit eine Zeit lang in den Gläsern stehen lassen zu können, so war ein grosser Fortschritt erreicht.

Grenet. Angeblich war es Grenet, nach andern Annahmen hat Bunsen in Heidelberg zuerst auf die Fähigkeit der chromsauren Salze in Verbindung mit Schwefelsäure, die doppelten Säuren beim Eintauchen der Zinkkohlenelemente zu ersetzen, *Bunsen.* aufmerksam gemacht. Jedenfalls war Bunsen in Deutschland derjenige, dem die heutige Vervollkommnung zu danken ist. In den 60er Jahren experimentirte er mit einer Erregungsflüssigkeit folgender Zusammensetzung:

saures chromsaures Kali: 92 Grm.
Wasser: 900 Cctm.
concentrirte Schwefelsäure: 93,5 Cctm. = 167 Grm.

Jede Aenderung in dem relativen Verhältniss der angegebenen Mischung macht die Säule unbrauchbar, weil Krystallisation in der Flüssigkeit eintritt, d. h. ein Theil des schwefelsauren Chromoxyds schlägt sich mit dem in der Flüssigkeit enthaltenen schwefelsauren Kali zu einem Doppelsalz (Chromalaun) nieder, in Form von grossen und kleinen violetten Octaëdern, und zwar sowohl am Boden des Glases als in den Poren der Kohle, welche dadurch verstopft und mit der Zeit unbrauchbar wird, so dass sie bei häufiger Benützung nach einiger Zeit wieder ausgelaugt werden müssen.

Desaga. Bunsen konnte 1870 mit einer Batterie (verfertigt von

Desaga[1]) in Heidelberg) hervortreten, die anfangs grosses Aufsehen machte und zur Erzeugung des electrischen Lichts vielfach, namentlich für Lehrzwecke benützt wurde, wofür sie sich trefflich eignete, da man an ihr sämmtliche galvanische Versuche demonstriren kann. Dieselbe besteht aus 16 Zinkkohlenplatten, welche in die eben genannte Mischung mit Hilfe einer Kurbel sich eintauchen und nach der Benützung durch dieselbe aus der Flüssigkeit sich wieder entfernen lassen. Die Zinkcylinder sind 15 Ctm. lang, 3,5 Ctm. breit (die Dicke kommt nicht in Betracht), somit die wirksame Oberfläche 51,50 ☐Ctm. An der der Kohle abgewendeten Seite sind sie mit Wachs überzogen. Die Kohlencylinder sind ebenfalls mit ihrer wirksamen Oberfläche 15 Ctm. lang (ihre wirkliche Länge beträgt zwar etwas mehr, sie tauchen aber auch nicht tiefer als die Zincylinder ein), 3,5 Ctm. breit und 0,14 Ctm. dick. Die wirksame Oberfläche beträgt ebenfalls 51,50 ☐Ctm. Im Anfang ging die Sache brillant und ich fand die Batterie 8 Wochen lang für nicht lange dauernde Aetzungen, wie sie beim Ohr erfordert werden, ganz brauchbar. Nach dieser Zeit aber war bald bemerklich, dass die Stärke der Batterie langsam aber sicher abnimmt, wenn man das Mischungsverhältniss, welches durch das fortwährende Verdampfen der wässrigen Bestandtheile beständig alterirt wird, nicht jede Woche in der genauesten Weise regulirt, und zwar in Folge der Polarisation der Flüssigkeit, welche kurze Zeit nach dem Beginn des Glühens eintrat (d. h. es entsteht an der Oberfläche der Platten ein der entwickelten Electricität entgegengesetzter Strom, der allerdings bald wieder verschwindet, aber doch einen Moment das Glühen unterbricht).

Dass der Versuch Bunsen's misslang, hatte seinen Grund in der zu geringen Oberfläche der Kohlen. Dieselbe hat gleich grosse Oberfläche von Kohle und Zink. Jetzt weiss

---
[1]) Vgl. Mittheilungen Med. Corr.-Bl. 1871 No. 26.

man, dass die wirksame Oberfläche der Kohlen mehr als 2mal so gross sein muss, als die des Zinks, um die Polarisation mit Erfolg zu verhindern. Ob und wo hiebei die Grenze ist, wird vielleicht die nächste Zukunft lehren. Welche Batterie bis jetzt diese Bedingungen am besten erfüllt, werden wir in Folgendem sehen.

Die Grenet-Stöhrer'sche Zink-Kohle-Chromsäure-Batterie.

Taf. II.
Fig. 1.
Grenet-Stöhrer.

Die von Frankreich zu uns gekommenen kleinen Grenet'schen Elemente, welche nach dem eben erörterten Princip gebaut waren, veranlassten Stöhrer in Dresden, seine Zink-Kohle-Chromsäurebatterie zu construiren.

Zwei oder vier solcher Systeme sind an einem Träger von Holz befestigt, welcher sich durch eine Schraube heben und senken lässt. Die Säuremischung befindet sich in länglich vierkantigen Gläsern, in welche die Systeme ohne Anwendung einer Thonzelle eintauchen. Nahe am untern Ende der Systeme quer durch die Platten gehend, sind durchlöcherte Röhren von Hartkautschuk angebracht, zu welchen Schläuche führen, deren obere aus der Flüssigkeit hervorragende Enden durch eingeschobene kreuzförmige Metallröhrenstücke sich mit einem Blasebalg in Verbindung bringen lassen.

Jedes Plattensystem ist an einem metallenen Halter befestigt und lässt sich vom hölzernen Träger abheben. Die einzelnen Platten werden mit Hilfe durchgesteckter, mittelst Kautschuk überzogener Metallbolzen und vorgeschraubter Muttern zusammengehalten. Zwischen je 2 Platten befindet sich zur Isolirung derselben ein Ring von Hartkautschuk Der obere Metallbolzen dient gleichzeitig zur Befestigung kupferner Klammern an den Kohle- und Zinkplatten, welche, zur Ableitung des Stromes dienend, am obern Ende mit durchlöcherten Fortsätzen und Schrauben zur Befestigung der Verbindungsdrähte versehen sind. Jedes System ist auf dem messingenen Halter mit einer Ziffer versehen, welche einer gleichen Ziffer auf dem hölzernen Träger entspricht. Zur Befestigung der Leitungsschnüre sind auf jedem Plattenhalter Stifte angebracht, ausserdem ist ein gleicher unterhalb mit Loch und Klemmschraube versehener Stift auf dem Holzträger befestigt. Gebogene Kupferdrähte dienen zur Verbindung der Systeme untereinander, zu welchem Zwecke auch die messingenen Halter durchbohrt und mit Klemmschrauben versehen sind [1]).

Handhabung und Füllung.

Nachdem die Systeme an ihren Ort gebracht sind, überzeugt man sich, dass sich dieselben ohne Anstoss heben und senken lassen.

Bei einer Batterie aus 2 Systemen werden die Zinkplatten des Systems No. 1 mittelst des doppelt gebogenen Kupferdrahts mit der auf dem Holzträger stehenden Schraubenklemme verbunden und auf dem Stifte der letzteren eine der Leitungsschnüre befestigt. Die Zinkplatten des Systems No. 2 sind durch den einfach gebogenen Kupferdraht mit dem Halter des Systems No. 1 zu verbinden und die zweite Leitungsschnur auf dem Halter No. 2 zu befestigen, wenn man beide Systeme, auf dem Halter No. 1, wenn man nur ein System anwenden will.

Bei einer Batterie aus 4 Systemen sind auf gleiche Weise die Zinkplatten No. 1 mit der Schraubenklemme des Holzträgers zu verbinden, die Kohlenplatten am Halter No. 1 durch den einen der weit gebogenen Kupferdrähte mit den Zinkplatten No. 2, der Halter No. 2 durch den kurz gebogenen Kupferdraht mit den Zinkplatten No. 3, der Halter No. 3 durch den andern weit gebogenen Kupferdraht mit den Zink-

---

[1]) Diese Art von Verbindung diente bei den meisten anderen neueren Batterieen als Vorbild.

platten No. 4. Eine der Leitungsschnüre, auf der Schraubenklemme des Holzträgers befestigt, bleibt stets an diesem Ort, die andere Leitungsschnur kann man auf dem Halter No. 1, 2, 3 oder 4 anbringen, je nachdem man die entsprechende Zahl von Systemen anwenden will. Eine Verbindung der gleichnamigen Platten zweier oder aller Systeme unter einander ist nach Stöhrer's Ansicht deshalb ganz überflüssig, weil die Systeme ohnehin grosse Oberflächen besitzen und das Heben und Senken derselben eine vollkommene Regulirung des Stromes gestattet.

Füllung. Die Bereitung seiner Erregungsflüssigkeit geschieht in der Weise, dass zunächst die zur Herstellung der beabsichtigten Solution erforderliche Menge von Kaliumbichromat in einem passenden Gefässe mit so viel heissem, womöglich destillirtem Wasser übergossen und umgerührt wird, als nöthig ist, um diese Salzmenge vollständig aufzulösen. Darnach wird die entsprechende Menge englischer Schwefelsäure hinzugesetzt, was der dabei eintretenden starken Erhitzung der Flüssigkeit wegen sehr vorsichtig und in mehrfachen grösseren Zeitintervallen geschehen muss. Ist dann diese Mischung wieder kühler geworden, so setzt man ihr noch so viel heisses Wasser hinzu, dass die ganze Flüssigkeitsmenge das vorgeschriebene Quantum beträgt. Die so hergestellte Erregungsflüssigkeit stellt eine vollkommene klare Flüssigkeit von schön purpur- oder rubinrother Farbe dar, welche sich in verschlossenen Glasgefässen Jahre lang unverändert aufbewahren lässt; nur wenn dieselbe im Winter an einem kalten Orte steht, scheiden sich rothe Krystalle von Kaliumbichromat in verschiedener dem Grade der Kälte entsprechender Menge aus und setzen sich an dem Boden und der Wandung des Glasgefässes ziemlich fest an, so dass sie nur mit Mühe davon abgelöst werden können, durch Erwärmen der Flüssigkeit lösen sich dagegen diese Krystalle sehr bald wieder auf.

Eine stärkere Erregungsflüssigkeit als die (von Bunsen) angegebene, halte ich nicht für räthlich:

1) Ist sie überflüssig, da mit der angegebenen, wenn Alles in Ordnung ist, genügende Glühstärke und Glühdauer für alle Operationen erreicht wird.

2) Werden die Zinkplatten so stark angegriffen, dass sie in der allerkürzesten Zeit unbrauchbar sind und durch andere ersetzt werden müssen.

Mit frischer Füllung erhält man schon bei geringem Eintauchen der Systeme einen kräftigen Strom, der sich durch die Einsenkung beliebig modificiren und constant erhalten lässt. Beim tiefsten Eintauchen muss der Spiegel der Flüssigkeit etwa 2 Zoll unter dem Rande des Glases stehen, auf keinen Fall darf der obere Schraubenbolzen mit den ableitenden Kupferklammern von der Säure benetzt werden.

Sofort nach Gebrauch hebt man die Systeme aus der Säure und nachdem man dieselben mit Wasser bespült, wieder eingehängt hat, kann die Batterie bis zu weiterem Gebrauch im Zimmer stehen bleiben, da dieselbe vollständig geruchlos ist und eine Füllung bei sparsamem Gebrauch für lange Zeit wiederholt dienen kann. Setzt man den Blasebalg mit den Schläuchen in Verbindung und bläst in kurzen Stössen Luft ein, so bringen die aufsteigenden Luftblasen die Flüssigkeit in stete Bewegung und verstärken durch Beseitigung der Polarisation augenblicklich den Strom.

Man hat jedoch dieses Mittel nur bei langem Gebrauch des stärksten Effektes der Batterie, z. B. zum Glühen langer, starker Drähte in der Schneideschlinge, und dann anzuwenden, wenn die Säure schon längere Zeit gebraucht worden ist. Man erkennt den Grad der Zersetzung der Säure an der mehr oder weniger dunklen Färbung. Unter Anwendung des Blasebalgs kann man auch mit der Batterie aus 2 Systemen für alle Fälle ausreichen, während bei 4 Systemen der Blasebalg fast nie gebraucht wird, da die Einsenkungsvorrichtung ein vollkommen ausreichendes Reguliren gestattet. Eine neue Füllung wird vorgenommen, sobald auch mit Anwendung des Blasebalgs kein ausreichender Strom mehr entsteht.

Wenn nach erneuter Füllung die ursprüngliche Stromstärke nicht erzeugt wird, so ist die Ursache hievon nur in einer mangelhaften oder unterbrochenen Ableitung des Stromes zu suchen. Veranlassung hiezu können folgende Theile des Apparats geben:

a) die kupfernen Klammern, welche den Strom von den Kohle- und Zinkplatten ableiten,
b) die Schlussschieber der Instrumente, oder zerbrochene und geschmolzene Platinarmaturen.

Behufs der Reinigung sämmtlicher Theile der Elemente und Amalgamirung der Zinkplatten werden die Systeme durch Entfernung der Muttern auseinandergenommen, die Kohlenplatten in warmem Wasser ausgelaugt, die Kupferklammern an den Berührungsstellen gereinigt, nöthigenfalls überfeilt, die Zinkplatten neu amalgamirt und, nachdem alle Theile gut getrocknet sind, genau in derselben Reihenfolge wieder zusammengesetzt. Die oberen Muttern sind stark anzuziehen, damit eine innige Berührung der Kupferklammern mit den Platten entsteht. Alle übrigen den Strom leitenden Stellen der Halter sind in reinem Zustand zu erhalten.

Die aus kleinen Systemen zusammengesetzten Batterieen No. 5 und 6 genügen für den Gebrauch der kleinern Brenner und der Instrumente für Zahnärzte, sind leicht transportabel und lässt sich bei denselben durch fortgesetztes Heben und Senken der Systeme, auch wenn die Säure schon sehr zersetzt ist, ein constantes Glühen leicht erreichen. Das Heben und Senken geschieht, indem man den Knopf der am Holzträger befestigten, mit Sperrkegel versehenen Feder fasst und so weit zurückzieht, dass nach erfolgter Auslösung aus der Zahnstange der Träger mit den Systemen sich frei auf- und abbewegen lässt. Noch bequemer ist es, sich auch zu diesen Batterieen der Blasebalgsvorrichtung No. 2 zu bedienen. Im übrigen gelten alle oben gegebenen Vorschriften, es wird jedoch in der verdünnten Schwefelsäure eines jeden Glases nur der dritte Theil Kaliumbichromat aufgelöst.

Wie aus der Beschreibung von Stöhrer selbst hervorgeht, pflegt das Glühen schon nach kurzer Zeit nachzulassen, oder gar aufzuhören, indem in Folge der Zersetzung des chromsauren Kali auf der Oberfläche der Platten Bläschen von Wasserstoff aufsteigen, d. h. die Polarisation eintritt. Es ist zwar von Stöhrer wie erwähnt Abhilfe dafür vorgeschlagen und ich selbst habe dieselbe versucht, aber sie erfordert einen Gehilfen und ist bei starkem Gebrauch der Batterie doch nicht von nachhaltiger Wirkung. Ich möchte dieselbe desshalb nur für kurze Operationen geeignet halten und als eine brauchbare transportable bezeichnen, besonders wenn die vom Erfinder selbst beschriebenen Cautelen eingehalten sind. In diesem Falle hat sie mir wirkliche Dienste geleistet.

Die Vorgänge in der Batterie mit einer Erregungsflüssigkeit

während ihrer Wirkung sollen hier kurz geschildert sein.

Sobald die Batterie in Thätigkeit kommt, wird das doppelt chromsaure Kali in einfach schwefelsaures Kali und Sauerstoff, sowie in schwefelsaures Chromoxyd unter dem electrolytischen Einfluss des Stromes zersetzt. Der frei werdende Sauerstoff verbindet sich mit Zink und Schwefelsäure zu schwefelsaurem Zinkoxyd.

Die vorhandene freie Chromsäure hat den Zweck, der Polarisation dadurch entgegenzuarbeiten, dass sie den electropositiven Wasserstoff auf der electronegativen Oberfläche der Kohle bindet. Je länger diess dauert, um so dunkler färbt sich die anfangs hellrothe Flüssigkeit unter nicht zu verkennender Temperatursteigerung in der Flüssigkeit, d. h. sie wird eigentlich dunkelbraun mit einem Stich in's Grüne, welch letztere Farbe (dunkelgrün) nunmehr in der Flüssigkeit vorherrscht. Wir haben schon früher gesehen, dass bei unrichtigem Mischungsverhältniss und bei sehr häufigem Gebrauch, namentlich aber bei mangelnder Auffüllung der Cylinder wegen der Verdunstung der Flüssigkeit sich Krystalle (Chromalaune) ausscheiden, sowohl am Boden der Gläser, als in den Poren der Kohlencylinder. Je länger diess dauert, je mehr Krystalle ausgeschieden werden, um so weniger wird die Polarisation aufgehalten, um so schwächer wird der Strom und damit die Glühwirkung. Manchmal findet eine Gasentwicklung, ein „Sieden" in der Erregungsflüssigkeit statt. Dauert dasselbe längere Zeit fort, so kann es ein Zeichen sein, dass die Zinkcylinder nicht gut amalgamirt sind, es bildet sich Wasserstoff an der Oberfläche derselben und der Strom wird ebenfalls geschwächt. Die Zinkcylinder werden selbstverständlich angegriffen und dünner. In der starken Ausscheidung von Wasserstoff, die bei langer Anwendung der Batterie stets vor sich geht, liegt aber auch die Gefahr, dass die Glühwirkung sich nicht gleich bleibt. Während nämlich an der Oberfläche des eingetauchten Zinks sich ein Volumen Sauerstoff entwickelt, entstehen an der ebenfalls eingetauchten Kohle 2 Volumina Wasserstoff. Man hat nun daraus sich die Möglichkeit construirt, dass bei xfacher Vergrösserung der Kohle nur $2/x$ Wasserstoff frei werden und dadurch die Polarisation verzögert, d. h. xmal später eintreten werde, als bei gleich grosser Oberfläche des Zinks und der Kohle. Der Erfolg hat denn auch der Erwartung entsprochen, wie wir bei der modificirten Bunsen'schen Chromsäurebatterie sehen werden.

Die von v. Bruns beschriebene

Zink-Kohle-Chromsäure-Batterie [1])

Taf. II. Fig. 2.
besteht aus 4 Elementen, deren jedes aus einer Zinkplatte von 4 Mm. Dicke, 12 Ctm. Breite und 30 Ctm. Höhe und aus 2 Kohlenplatten (fester Gaskohle) von 1½ Ctm. Dicke, 10 Ctm. Breite und 13 Ctm. Höhe zusammengesetzt ist. Diese 3 Platten sind je an der untern Fläche eines kleinen,

---

[1]) v. Bruns a. a. O. S. 215—379.

länglich-viereckigen Brettchens befestigt, das an dieser Fläche eine seiner ganzen Länge nach in der Mittellinie verlaufende Leiste von 2 Ctm. Höhe und 14 Mm. Breite besitzt, welche an ihrer untern freien Fläche mit einer 4 Mm. breiten Längsfurche versehen ist. In diese Furche wird der obere Rand der Zinkplatte eingefügt und auf den beiden freien Seitenflächen der erwähnten Leiste werden die oberen Enden der beiden Kohlenplatten aufgelegt, so dass also die in der Mitte befindliche Zinkplatte nur 5 Mm. weit von jeder Kohlenplatte entfernt ist. Die Befestigung der Platten ist derart, dass jede einzelne Platte für sich leicht abgenommen und wieder angebracht werden kann. Die Verbindung dieser 4 Elemente ist ähnlich wie bei dem Stöhrer'schen Apparat und der Zinkeisenbatterie hergestellt durch dicke Messingdrähte, die von der Kohle des ersten Elements zum Zink des zweiten und so fort gehen und schliesslich in einer Klemmschraube befestigt werden.

Zu jedem Element gehört ein Glascylinder von 14 Ctm. Durchmesser und 36 Ctm. Höhe.

Das Ganze ruht auf einem hölzernen, mit 4 Füssen versehenen Gestell. In der Mitte desselben erhebt sich eine im Innern hohle viereckige Säule, 36 Ctm. hoch. In der Höhlung derselben läuft ein quadratischer Stab, der oben einen horizontalen Querbalken trägt und überdiess mit einer kleinen Tförmigen Handhabe versehen ist, mittelst der er emporgehoben und hinabgelassen werden kann. Auf der obern Fläche des horizontalen Balkens sind 2 Paare schmaler Eisenstäbe mit ihrer Mitte so eingelassen und durch Schrauben befestigt, dass die sämmtlichen Platten der 4 Elemente, wenn sie mit ihren Holzbrettchen auf diese Eisenstäbe richtig aufgelegt sind, in die 4 Glassgefässe, ohne an deren Wandung anzustossen, hinabreichen und zwar so weit, dass sie in einer Strecke von 25 Ctm. in die Erregungsflüssigkeit eintauchen.

Durch diese Vorrichtung können die 4 Elemente zusammen aus der Erregungsflüssigkeit emporgehoben oder beliebig tief eingetaucht werden. Um sie aber auch in beliebiger Höhe feststellen zu können, ist an der centralen Säule ein federnder Sperrhaken angebracht und an der entsprechenden Seite des Centralstabes eine Anzahl Löcher eingelassen, in welche der Sperrhaken einfällt, sobald ihm beim Heben dieses Stabes (und damit auch der 4 Elemente) eins dieser Löcher gegenübertritt. Das freie Ende dieses Sperrhakens ist nämlich so geformt, dass der Haken bei dem Emporheben des Tragstabes aus dem eingenommenen Loche von selbst zurückweicht und so diese aufwärts gehende Bewegung ohne alles Hinderniss vorzunehmen gestattet, während er jede abwärts gehende Bewegung der Tragstange verhindert, sobald er in ein solches Loch der Tragstange eingeschnappt ist. Will man daher die Platten der Elemente hinablassen, um sie in der Erregungsflüssigkeit einzutauchen, so hat man zunächst mit der Linken den Hebelarm an der Basis des Sperrhakens an- oder abzuziehen, wodurch der Sperrhaken aus dem inne gehabten Loche herausgezogen wird und kann man dann ganz nach Belieben mit der Rechten die Tragstange heben und senken.

Die zum Einschnappen des Sperrhakens bestimmten Löcher in der Tragstange sind in der Art angebracht, dass, wenn der Sperrhaken in dem mit 0 bezeichneten Loche steht, das untere Ende der Platten gerade bis auf die Oberfläche der Erregungsflüssigkeit reicht und dass, wenn der Sperrhaken in den mit 1. 2. 3. 4. bezeichneten Löchern steht, je $1/4$, $2/4$, $3/4$ oder $4/4$ der Höhe der wirksamen Partie der Platten in die Erregungsflüssigkeit hineinreichen, was also in Bezug auf die Grösse der erregten Plattenoberfläche einer Benutzung von 1, 2, 3 oder 4 Elementen gleichkommt.

Die hier beschriebene Hebevorrichtung gestattet ein rascheres und bequemeres Heben und Eintauchen der Platten in die Erregungsflüssigkeit, als die von Stöhrer u. A. in Anwendung gezogene Schraubenstange, durch deren Umdrehung mittelst dazu gehöriger Kurbel die Platten emporgehoben und niedergelassen werden.

v. Bruns hat an diesem System noch eine Batterie aus 2 Elementen anfertigen lassen. Ich gestehe, dass ich nicht für kleine Batterieen schwärme. Bei der Beschreibung der nachfolgenden Chromsäurebatterie wird es sich zeigen, dass man mit den entsprechenden Vorrichtungen sehr leicht einen starken Strom abschwächen kann.

Dass die kleinen Batterieen sehr häufig für die Glühwirkung ungenügend sind, kann man am Urbild dieses Systems, dem Grenet'schen, sehen. Ausserdem wird derjenige, der sich eine Batterie anschafft, dieselbe nicht bloss für die kleinsten, sondern womöglich für alle dazu geeigneten Operationen verwenden wollen, da ja sonst der Nutzen des Apparats ein geringer ist.

Die Erregungsflüssigkeit ist dieselbe wie bei der vorigen, die Summe derselben in 4 Elementen = 16000 Cctm. = 16 Liter.

Der eben beschriebene Apparat stellt, obwohl mir keine eigenen Erfahrungen über diese Batterie zu Gebote stehen, eine Verbesserung der Stöhrer'schen dar, indem er den Nebenapparat des Blasebalgs, den v. Bruns eine Zeit lang mit einer Wiege vertauscht hatte, jetzt entbehrt, ferner weil die Oberfläche der Kohle dem Zink gegenüber grösser ist, wie auch die Elementenzahl und die Menge der Erregungsflüssigkeit (sie zeigt desshalb grössere Constanz als die Stöhrer'sche); er lässt aber doch noch verschiedenes zu wünschen übrig. Dass er aber, wie v. Bruns selbst angibt[1]), eine verhältnissmässig rasche Abnahme in der Glühwirkung zeigt, und zwar viel rascher als bei den Batterieen mit 2 Säuren, hat seinen Grund darin, dass die Oberfläche der Kohle bei dieser Batterie noch immer zu klein genommen ist.

Eine weitere Unvollkommenheit besteht in der Nothwendigkeit, die grössere oder geringere Stärke des Stromes durch mehr oder weniger tiefes Eintauchenlassen der Zink- und

---

[1]) v. Bruns a. a. O. S. 289.

Kohlenplatten herbeizuführen. Diess ist zu umständlich und doch nicht zuverlässig genug.

Ich selbst kenne, wie erwähnt, diese Zink-Kohlenbatterie nur aus der Beschreibung, da ich schon im Jahre 1871 eine ähnliche, aber technisch vollkommenere mit noch grösserer Oberfläche der Kohle besass, welche ich als im Princip richtig, seit dieser Zeit in den letzten 5 Jahren täglich benütze. Ich erlaube mir, dieselbe nachher etwas genauer zu beschreiben, weil dieselbe nach einer Zeichnung im Jahr 1874 auf der Versammlung deutscher Naturforscher und Aerzte in Breslau in der dortigen otiatrischen Section gezeigt, vielen Beifall fand, sowie weil von verschiedenen Seiten der Wunsch nach Veröffentlichung laut wurde.

Vorher will ich aber noch die sogenannte

Zink-Platinmoor-Batterie

Zinkplatinmoorbatterie. hieran anreihen, welche nach Frommhold[1]) zuerst von dem Genieeorps in Wien an Stelle der von Smee angegebenen Elemente aus Zink und platinirtem Silber oder Platinmoor auf einer Silberplatte gesetzt wurde. Mit der verbesserten Grenet-Stöhrer'schen Batterie, wie es scheint, nicht zufrieden, liess sich v. Bruns analog den Frommhold'schen constanten Batterieen eine

Zink-Bleiplatinmoor-Batterie

v. Bruns'sche Zink-Bleiplatinmoorbatterie. herstellen, von der er meint, sie werde sich einen dauernden Platz in der Reihe der chirurgischen Apparate sichern. Sie besteht[2]) aus 4 Elementen, deren wesentliche Grundlage je 4 Zinkplatten und 3 mit Platinmoor überzogene Bleiplatten bilden. Alle diese Platten haben eine Breite von 13 und eine

---

[1]) Der constante galvanische Strom. Pesth 1866 p. 19.
[2]) v. Bruns a. a. O. S. 320 u. ff.

Höhe von 33 Ctm. Auf dem obern Rande einer jeden dieser Platten, 1½ Ctm. entfernt von dessen Mitte, ist ein viereckiger Messingzapfen von 4—5 Ctm. Länge, so aufgelöthet und aufgenietet, dass er diesen Rand in einem Einschnitte an seinem untern breiteren Ende aufnimmt. Der obere etwas verjüngte Theil dieses Zapfens wird in horizontaler Richtung von 2 Löchern durchsetzt, durch deren unteres das Messingstäbchen hindurchgesteckt wird, welches zur Befestigung dieser Platten an den Tragbrettchen dient, während das obere Loch zur Aufnahme der Verbindungs- und Poldrähte der Batterie dient, letztere werden in demselben festgehalten durch Anziehen einer Klemmschraube, welche gleich den Klemmschrauben in den Polzapfen der Zinkeisenbatterie senkrecht in dem obersten Theile dieser Zapfen bis in das eben erwähnte Loch und somit auf den darin eingelegten Draht hinabreicht.

In jeder Bleiplatte befinden sich 3 kleine Löcher, nämlich 1 in deren Mitte und 2 in der Nähe der beiden untern Enden; in jedem Loche steckt quer ein rundes dickes Stäbchen aus Guttapercha, so dass es je 2—3 Mm. weit auf jeder Fläche der Bleiplatte vorsteht und hat dieses den Zweck, die Annäherung und Berührung dieser Platte mit den beiden benachbarten Zinkplatten zu verhindern, weil sonst die Wirkung = 0 wäre.

Die Bereitungsweise der Platinmoorbleiplatten, d. h. die Ueberziehung der Bleiplatten mit Platinmoor kann hier nicht näher angegeben werden, da sie von dem Mechaniker besorgt werden muss. Nur darauf muss hier gelegentlich aufmerksam gemacht werden, dass man an den fertigen Platten jede Berührung ihrer Oberfläche mit den Fingern etc. sorgfältigst vermeiden muss, weil dadurch stets von dem den Bleiplatten nur locker anhängenden Platinmoor abgestreift wird. Leider sind alle Versuche, diesen Platinniederschlag auf der Bleiplatte sicherer zu fixiren, bis jetzt noch ohne den gewünschten Erfolg geblieben; diess ist auch eine ihrer schwachen Seiten.

Die Befestigung und zugleich die Vereinigung der sieben

Platten zu einem Elemente wird vermittelt durch ein länglich viereckiges Brettchen — Tragbrettchen — welches an seiner untern Fläche sieben der Länge nach laufende Furchen von 2—3 Mm. Breite und gleicher Tiefe besitzt, welche dort in Abständen je von 3 Mm. Breite einander parallel eingeschnitten sind. Diese Furchen dienen zur Aufnahme des obern Randes der sieben Platten und wird die Befestigung dieser Platten daselbst dadurch bewirkt, dass in jeder dieser Furchen ein viereckiges, nach oben durchgehendes Loch angelegt ist, genau von der Form und Grösse, dass der viereckige Zapfen der betreffenden Platte hindurchgesteckt werden kann. Diese Löcher liegen in 2 parallelen Reihen in einer Entfernung von je 1½ Ctm. von der Mittellinie des Tragbrettchens und zwar ist die eine Reihe aus 4 Löchern bestehend für die Messingzapfen der 4 Zinkplatten und die andere Reihe aus 3 Löchern bestehend zum Durchlassen der Messingzapfen der Platinmoorbleiplatten bestimmt, welche letztere dadurch ihre Lage genau in der Mitte zwischen je 2 Zinkplatten erhalten. Die vollständige Fixirung sämmtlicher Platten in der beschriebenen Lage geschieht durch 2 Messingstäbchen, von denen das eine durch die oben erwähnten untern Löcher in den Messingzapfen der 4 Zinkplatten und das andere durch die entsprechenden Löcher in den Messingstäbchen der 3 Platinmoorbleiplatten hindurchgesteckt wird.

Die Verbindung der Elemente wird ganz ähnlich bewirkt, wie bei der Stöhrer'schen Batterie, sie wird durch Messingdrähte vermittelt, welche durch die erwähnten oberen Löcher der Messingzapfen hindurchgesteckt werden, und zwar ein doppelt rechtwinklig gebogener Verbindungsdraht durch die Zapfen der 3 Platinmoorbleiplatten des 1. und der 4 Zinkplatten des 2. Elements laufend, ein zweiter ganz gleicher Draht wird in gleicher Weise von dem 3. zum 4. Element und ein dritter ganz gerader Draht wird in gleicher Weise von dem 2. zum 3. Element gelegt; sämmtliche 6 Enden ragen 2—3 Ctm. lang frei hinaus. Hiezu kommt noch ein vierter Draht durch die Zapfen der 3 Zinkplatten des 1. Elements und ein fünfter Draht durch die Zapfen der 4 Platinmoorbleiplatten des 4. Elements hindurchgesteckt; diese beiden letzten Drähte wenden sich nach ihrem Austritt aus den Zapfen mit ihrem äussern Ende unter einem rechten Winkel nach vorn und sind an dem freien Ende dieses Sehenkels eine kurze Strecke rechtwinklig aufwärts gebogen, um so als Poldrähte zum Aufstecken der Messinghülsen der Leitungsschnüre zu dienen.

Das erwähnte freie Hinausragen der Enden dient dazu, um das Aufstecken der Endhülse der einen Leitungsschnur zu vermitteln, wenn man statt aller 4 Elemente nur 2 oder 3 derselben in Thätigkeit setzen will. Setzt man die Endhülse der Leitungsschnur anstatt auf den Poldraht der Platinmoorplatten des Elements IV auf das aus den Messingzapfen des Elements III oder II hervorragende Ende des Verbindungsdrahts, so erhält man nur die Glühwirkung der 3 oder 2 ersten Elemente. Werden beide Leitungsschnüre auf die beiden Drahtenden je von Element I, II, III oder IV aufgesteckt, so erhält man auch nur die Glühwirkung je von dem betreffenden Element allein. Diese letzte Applicationsweise der Leitungsschnüre ist jedoch nur dann von Werth, wenn man die Glühkraft der einzelnen Elemente unter einander vergleichen will.

Die zur Erregung dieser Batterie dienende Flüssigkeit ist verdünnte Schwefelsäure, 1:10, und geschieht deren Einfüllung in die Gläser am besten während die Platten in die Gläser ganz hinabgelassen sind; man giesst dann neben denselben mit oder ohne Glastrichter so viel verdünnte Schwefelsäure in das Glas hinein, bis deren Niveau nur noch einen Finger breit unterhalb des Tragbrettchens steht. Man kann nun sofort die Batterie gebrauchen, oder wenn man diesen Gebrauch noch verschieben will, hebt man einfach an dem Handgriffe die 4 Elemente in die Höhe, bis man die Sperrfeder in das mit 0 bezeichnete Loch der Tragstange einschnappen hört und sieht.

Erscheinungen beim Gebrauch der Batterie.

Die Erscheinungen, welche man an allen Batterieen dieser Art wahrnimmt, sind ganz ähnliche und scheint die Polarisation stärker zu sein, als bei der Chromsäurebatterie. Die Gasentwicklung (Wasserstoff und schwefelige Säure) ist von sehr unangenehmem Geruch und reizt zum Husten.

An der Oberfläche der Zinkplatten findet eine viel geringere Gasentwicklung als an den Platinmoorbleiplatten statt, man sieht dieselbe nur sehr langsam und allmälig sich mit sehr kleinen, getrennt stehenden Gasbläschen (Sauerstoffgas) bedecken, welche unter langsam zunehmender Vergrösserung lange Zeit auf der Zinkfläche sitzen bleiben, bis sie endlich durch Zusammenfliessen mit benachbarten Bläschen gross geworden ebenfalls an der Zinkfläche emporsteigen, aber auch immer nur vereinzelt in kleiner Anzahl.

Ebenso sammelt sich auf dem Boden der Gläser allmälig eine immer mehr zunehmende Menge von Platinmoor an, das sich von den Bleiplatten abgelöst hat. v. Bruns schreibt diess dem Eindringen der Schwefelsäure in die Zwischenräume der Moleküle des Platinmoorniederschlags zu.

Diess ist nach meiner Ansicht der Hauptfehler der Batterie, weil damit natürlich die Glühwirkung abnimmt.

Die Dauer der Gebrauchsfähigkeit wird von v. Bruns selbst auf 3—6 Monate berechnet. Ich selbst kann hierüber nicht sicher urtheilen, da meine Batterie, die vom gleichen Mechaniker geliefert wurde, entfernt nicht so häufig wie die Chromsäurebatterie angewandt wurde, aber doch nach einigen Monaten bedeutende Schwächung zeigte.

v. Bruns selbst urtheilt folgendermassen:

„Die von mir construirte neue Zink-Platinmoorbleibatterie „steht zwar den übrigen galvanocaustischen Batterieen an „Glühkraft ziemlich weit nach, geht denselben dagegen in „Bezug auf Bequemlichkeit der Anwendung weit voran. Sie „eignet sich deshalb vorzugsweise für solche Aerzte und An„stalten, welche den Glühdraht in überwiegender Häufigkeit „zur Zerstörung kleiner Gewebsmassen auf der Oberfläche des

„Körpers oder in den derselben nahe gelegenen schleimhäu-
„tigen Höhlen benutzen wollen, wie namentlich zur Zerstörung
„flacher Hautkrebse, Warzen, Muttermäler, Angiome, Lupus-
„knoten, Granulationsgeschwülste, polypöser Wucherungen
„und kleiner Polypen, kleiner Geschwürsflächen mit unreinem
„Grunde behufs der Reinigung dieses Grundes und der An-
„regung zur Bildung guter, zur Vernarbung strebender Granu-
„lationen etc." —

Weiter sagt v. Bruns:
„Ihre stärkste Glühwirkung entwickelt die Batterie nur
„so lange sie noch ganz neu und frisch ist, d. h. wenn die
„Bleiplatten frisch verplatinirt, die Zinkplatten neu amalgamirt
„sind und die Schwefelsäure frisch ist. Von dieser Zeit an
„nimmt die Glühleistung der Batterie ab, wenn auch sehr
„langsam und mit zeitweisen Schwankungen, so dass sie unter
„Umständen wieder zu ihrer ursprünglichen Höhe und selbst
„noch darüber hinaus emporsteigen kann."

Nachtheile der Batterie.

Stechender Geruch der aufsteigenden Dämpfe, welcher Nachtheile
auch durch die angebrachten Deckel auf den Gläsern nicht der Blei-
platinmoor-
aufgehoben wird. Nicht bloss an der Oberfläche des Zinks, batterie.
sondern auch an den verplatinirten Bleiplatten findet diese
Gasentwicklung statt, welche hier allmälig die gänzliche Ausscheidung des Platins als Niederschlag am Boden des Glasgefässes und die Nothwendigkeit der Neuverplatinirung zur
Folge hat.

Ein weiterer Nachtheil des Apparats ist seine Stellagevorrichtung. Die Platten sind nämlich so schwer, dass es
kaum möglich ist, ohne Gehilfen dieselben aus dem Sperrhaken zu befreien und in die Flüssigkeit zu tauchen. Es ist
mir mehr als einmal begegnet, dass bei aller Vorsicht in der
Handhabung der Sperrvorrichtung die schweren Platten hinab-
fielen und die Gläser zerbrachen, das letztemal erst vor
wenigen Wochen in Gegenwart zweier Collegen, denen ich

die Batterie zeigte. Man braucht dazu, um ganz sicher zu gehen, einen Gehilfen, während ich den nachher zu beschreibenden, sehr solid gebauten Apparat von Baur mit einer Hand in Thätigkeit setzen kann. Ferner ist das mehr oder weniger tiefe Eintauchen selbst, um die Stärke des Stromes zu reguliren, umständlich und bei Weitem nicht so zuverlässig, wie es mit dem Rheostaten der Fall ist.

Nach meiner Erfahrung lässt diese Batterie schneller in ihrer Glühwirkung nach, als alle anderen Tauchbatterieen, wenn auch im Anfang dieselbe sehr stark war, und desshalb stimme ich mit v. Bruns überein, dass sie sich für kleinere Operationen und — füge ich hinzu — für nicht zu häufigen Gebrauch eignet.

Die modificirte Bunsen'sche Chromsäurebatterie.

Bunsen'- sches Princip. In der von Mechaniker G. Baur in Stuttgart im Jahr 1871 verfertigten Batterie ist zwar im Wesentlichen das Bunsen'sche Princip beibehalten, aber die wirksame Oberfläche der Kohle 2½ mal so gross gemacht worden als die des Zinks.

Als Flüssigkeit wurde die Bunsen'sche Mischung von doppelt chromsaurem Kali mit Schwefelsäure und Wasser gebraucht.

Anfangs wurden nur 2, später 4 Elemente benützt, was sich aber bald als ungenügend herausstellte, so dass jetzt im Ganzen 6 Elemente zur Verwendung kommen.

Ich besitze diese Batterie nunmehr seit ungefähr sieben Jahren, und glaube in dieser Zeit genügende Erfahrungen gemacht zu haben, um ihr vor allen anderen zur Galvanocaustik empfohlenen Batterieen, die ich ebenfalls sämmtlich besitze, den Vorzug einräumen zu können.

Wie schon oben erwähnt, besteht die Batterie aus sechs grossen Zinkkohlenelementen mit Senk- und Hebevorrichtung, Strommesser, Umschalter und Stromregulator.

Die hiezu verwendeten Kohlen sind hohle Cylinder von

360 Mm. Höhe,
125 „ äusserem Durchmesser,
85 „ Lichtweite.

Innerhalb derselben ist das Zink in Form einer starken, ebensohohen Platte angebracht. Die Kohlencylinder selbst sind mit starken Kupferringen, an welchen Schrauben angelöthet sind, die zugleich als Träger und leitende Verbindung dienen, gefasst und tauchen beim Gebrauch in entsprechend hohe, starke Gläser, Thon- oder Asphaltgefässe ein, in welchen die Erregungsflüssigkeit sich befindet. Dieselbe besteht wie bei Bunsen aus 900 Cctm. Wasser, 92 Gramm saures chromsaures Kali und 93,5 Cctm. (= 167 Gramm) concentrirter Schwefelsäure, eine Mischung, welche keine Krystalle absetzt. Gegenwärtig habe ich nach 3monatlichem Gebrauch der Batterie die Flüssigkeit erneuert, der Vergleichung der v. Bruns'schen und der eben zu beschreibenden Batterie wegen, und gefunden, dass absolut keine Krystallisation am Boden der Gläser stattgefunden hatte, dass dagegen die Poren der Kohle erfüllt waren mit feinen Krystallen aus chromsaurem Kali. Ich halte desshalb die von Bunsen gegebene Vorschrift der Bereitung der Erregungsflüssigkeit für die beste.

Die Heb- und Senkvorrichtung ist sehr bequem zu handhaben, und geschieht durch Drehen einer Kurbel, welche in Verbindung mit einer starken Eisenwelle und Tragriemen ist, so dass die Einsenkung beliebig tief erfolgen kann, indem die Arretirung durch starke Sperrräder mit Sperrkegel bewerkstelligt wird. Ueber der Batterie befindet sich fest mit dem Gestell verbunden eine Tischplatte, auf welcher der Strommesser, Umschalter und Stromregulator aufgeschraubt sind, ausserdem ist noch Raum genug vorhanden zur Placirung der nöthigen Ansätze.

Der Strommesser ist eine Art Galvanometer (nach beiden Seiten auf 90 Theile graduirt), mit geringem Widerstand, hergestellt durch Drahtseile resp. Kupferstreifen, an dem sich mit Leichtigkeit durch Ablesen erkennen lässt, ob

Strommesser.

und in welcher Stärke der electrische Strom vorhanden ist. (Taf. IV Fig. 1 u. 2a.)

Umschalter. Der **Umschalter** hat den Zweck, die Elemente verschieden zu verkuppeln, d. h. dieselben entweder hintereinander [1]) (intensiv), oder nebeneinander [2]) (quantitativ), d. h. entweder sechs Elemente gleich drei grösseren oder gleich zwei noch grösseren oder einem sehr grossen einzuschalten. Diese Verkupplung der Elemente ist bei der Erzielung verschiedener Effekte von grosser Wichtigkeit, da aus dem Ohm'schen Gesetze [3]) folgt, dass, um Platindrähte oder Platinstücke durch den Strom zum Glühen zu bringen, der Leitungswiderstand desselben proportional dem Leitungswiderstand in dem Electricitätserreger sein muss. Die Elemente hintereinander (intensiv) verbunden, sind nöthig bei Anwendung einer dünnen, langen Platinschlinge, während die quantitative Einschaltung, d. h. die Elemente nebeneinander verbunden, für kurze, dicke Brenner oder Messer (Platinbleche) von Vortheil ist. — Die Umschaltung geschieht einfach mittelst einer Stöpselvorrichtung, unter der die Drahtverbindung mit den Elementen einmündet, wie aus der Zeichnung zu ersehen. (Taf. IV Fig. 1 u. 2b.)

Stromregulator. Der **Stromregulator** besteht aus Widerstandsrollen mit kurzen und langen Drähten und dient zur Verstärkung resp. Schwächung des Stroms und stellt einen auf 5 Einheiten graduirten Rheostaten (entweder in Form des bekannten Schlittens oder der bei den constanten Batterieen so beliebten Kurbelrheostaten) dar. Letzterer Hilfsapparat ist nach meiner Ansicht unentbehrlich, da er bei sehr starkem Strom das Schmelzen des Platins verhindert, was leicht vorkommen kann,

---

[1]) D. h. das Zink des 1. Elements mit der Kohle des 2. u. s. f.
[2]) D. h. alle Zink und alle Kohlen unter sich verbunden.
[3]) Das Ohm'sche Gesetz heisst: Die Stärke des electrischen Stromes ist der electromotorischen Kraft der galvanischen Batterie direct, und der Summe aus dem Leitungswiderstand, welchen der Strom in der Batterie und im Schliessungsbogen erfährt, umgekehrt proportional.

wenn man kurze Zeit nacheinander mit Instrumenten von verschiedener Dicke und desshalb verschiedenem Leitungsvermögen zu arbeiten hat (Taf. IV Fig. 1 u. 2c). Er macht ausserdem die umständliche und unzuverlässige Regulirung durch tieferes oder weniger tiefes Eintauchen der Elemente in die Flüssigkeit entbehrlich.

Sämmtliche Verbindungen sind durch angeschraubte Kupferstreifen fest hergestellt, so dass sie weder verändert zu werden brauchen, noch dass sie sich lösen können, wodurch so leicht Unregelmässigkeiten entstehen. *Verbindungen.*

Der Apparat kann ohne Schaden stets im Zimmer bleiben, da selbst bei der längeren Benützung keine Säuredämpfe entstehen.

Durch leicht bewegliche Laufrollen lässt er sich übrigens überall hin dirigiren.

Ist einmal der Apparat gefüllt — und diess ist die einzige Mühe, der man sich zu unterziehen hat, die Füllung genau nach Vorschrift herzustellen, — und sind die Kohlen- und Zinkcylinder eingetaucht, so hat man sich um den stromgebenden Apparat überhaupt viele Wochen lang nichts mehr zu bekümmern, höchstens alle 4—6 Wochen verdünnte Schwefelsäuse im Verhältniss von 1:20 in dem Maasse nachzufüllen, wie die wässrige Flüssigkeit verdunstet, damit zu gleicher Zeit die etwaigen crystallinischen Niederschläge von chromsauren Salzen sich wieder auflösen, was übrigens, wie erwähnt, bei exacter Füllung nicht eintritt. Bei starkem Gebrauch der Batterie müssen die Kohlencylinder alle 2—3 Monate ausgelaugt, d. h. in warmes Wasser, welches so oft erneuert werden muss, bis die Flüssigkeit nicht mehr gefärbt erscheint, gestellt werden, um die Poren der Kohle, in welcher sich Chromalaune niederschlagen, von denselben wieder zu befreien. Doch kann dieses Vorkommniss jederzeit durch Beobachtung des Strommessers, d. h. wenn der Zeiger unter die bei der vollen Glühwirkung sich ergebenden Grade herabgeht, erkannt werden. *Handhabung.*

Wer den Apparat stark benützt, die Kosten nicht zu scheuen hat, schafft sich am besten doppelte Kohlencylinder an, welche von Zeit zu Zeit nach Angabe des Strommessers mit den angeschraubten Kohlen zu vertauschen sind.

Auf diese Weise hat man zu jeder Zeit einen Strom, der dem Bunsen'schen an Stärke wenig nachgibt und doch constant ist, während er die Nachtheile jenes, die jedesmalige Füllung mit zwei Säuren nicht besitzt. Die Batterie macht einen 12 Ctm. langen, $\frac{1}{2}$ Mm. dicken Platindraht weissglühend, 20 Ctm. rothglühend und bleibt bei Gebrauch der eben erwähnten Vorsichtsmassregeln in nahezu gleicher Stärke beliebig lange Zeit. Nach 5—6 Stunden ist eine Schwächung des Stromes bemerklich, eine Zeitdauer, welche wohl nie zu einer Operation in einer Tour erfordert werden wird, und welche man mit Zuhilfenahme der Tauchvorrichtung noch viel länger ausdehnen könnte. Verminderung der Stärke lässt sich mit Hilfe des Strommessers ohne Schwierigkeit nachweisen und es kann in diesem Fall bei richtigem Verständniss des Apparates der Fehler leicht entdeckt werden, da alle Theile desselben dem Auge zugänglich sind. Da übrigens die Verbindungen sehr solide gemacht sind, so kann es sich, immer die richtige Füllung vorausgesetzt, hiebei nur um ein Angegriffensein der Zinkcylinder handeln, welche ich einmal im Jahre frisch amalgamiren lasse (bei nicht täglichem Gebrauch genügen $1\frac{1}{2}$ Jahre), was übrigens mit leichter Mühe der betreffende Arzt selbst besorgen kann. Andernfalls findet lebhafte Gasentwicklung statt, wodurch nicht bloss das Zink zerfressen, sondern auch der Strom sehr geschwächt wird. Zum Amalgamiren benützt man das früher (S. 14) ausführlich beschriebene Verfahren.

Ausserdem hat man keine Inconvenienzen, und es war in der Reihe von Jahren, seit ich den Apparat besitze, an demselben keine Reparatur nöthig. Ich füge hinzu, dass derselbe theils in Händen von Privatärzten ist, theils seinen Weg in hiesige Spitäler gefunden hat.

Vielleieht kann selbst diese unbedeutende Mühe noch reducirt werden, wenn die Oberfläche der Kohlen vermehrt wird, wie es jetzt in Aussicht steht durch die Möglichkeit, aus den bei der Leuchtgasbereitung in den Gasretorten erhaltenen Niederschlägen 45 Ctm. hohe Cylinder herzustellen, die der Polarisation der Flüssigkeit einen bedeutend grössern Widerstand entgegensetzen. Doch wollte ich diess hier nur andeuten, da noch keine Erfahrungen hierüber vorliegen, obwohl es a priori sehr wahrscheinlich ist und ich nicht säumen werde, sobald mir dieselben zu Gebote stehen, damit Versuche zu machen.

Die Vortheile dieser Batterie vor andern ähnlichen, und zwar:
A) vor den Batterieen mit 2 Säuren (Bunsen, Grove),
B) „ der Stöhrer-Grenet'schen mit 1 Säure,
C) „ der Zinkplatinmoorbleibatterie von Smee, später Kidder-Väter, neuerdings von v. Bruns empfohlen,
sind folgende:

Vortheile der Batterie vor ähnlichen.

A) Die Vortheile der Batterie mit einer Erregungsflüssigkeit überhaupt. Bei nahezu gleicher Stärke grössere Einfachheit der Construction, selten nöthige Füllung, Billigkeit des Betriebs, Möglichkeit, jeden Augenblick ohne Vorbereitung zu operiren, keine Säuredämpfe.

B) Grössere Stärke, längere Constanz, leichtere und einfache Handhabung, weil die Säure nicht entfernt wird, dagegen ist Stöhrer's Batterie leichter und desshalb besser transportabel, was sich bei Zuhilfenahme von mehreren Personen aber wieder ausgleicht.

C) Die von Smee-Frommhold construirte Platinmoorbatterie leidet an 2 Fehlern, an der Nothwendigkeit, bei häufigem Gebrauch alle Jahre mehrmals verplatinirt zu werden, was der Arzt nicht selbst besorgen kann, und dann an einer wenigstens an dem von v. Bruns beschriebenen Apparate ungenügenden Stellagevorrichtung.

Ein weiterer Vortheil jenes Apparats ist die Möglichkeit einer genauen Regulirung und Messung der Stromstärke mittelst der Nebenapparate. Vermöge der Einfachheit der Construction sind Störungen fast unmöglich und können mittelst der Nebenapparate mit Leichtigkeit entdeckt werden. Die Vortheile, welche v. Bruns der von ihm beschriebenen Batterie vindicirt, theilt sie mit der modificirten Bunsen'schen, nur besitzt letztere diese Eigenschaften in erhöhtem Maasse, besonders was die Andauer der Glühwirkung und ihre Gleichmässigkeit betrifft. In Bequemlichkeit der Handhabung steht jene der von mir beschriebenen wohl unstreitig nach [1]). Der graduirte Strommesser zeigt mit Sicherheit die jeweilige Stromstärke, während die Umschalter auf die leichteste Art die verschiedenartige Verkupplung mit Brenner'scher Stöpselung bewerkstelligen lässt. Besonders der Stromregulator ist nützlich und macht das umständliche tiefere oder weniger tiefe Eintauchen entbehrlich, da ich hiezu nur einer kleinen Fingerbewegung auf dem Schlitten oder an der Kurbel bedarf.

Wohl wird nach dem Gesagten einleuchten, dass diese Batterie Alles leistet, was der praktische Arzt zum fortwährenden Gebrauch von einem galvanocaustischen Apparat überhaupt verlangen kann. Und doch sollte noch grössere Vereinfachung herbeigeführt werden, denn den schwachen Punkt bilden immer die Elemente mit ihrer Füllung.

Das Bestreben, diess durch Magnete zu ersetzen, führte zur Construction der

Gramme'schen Magneto-Electricitätsmaschine,

Gramme'sche Maschine. die für Spitäler, welche im Besitz eines Motors (Dampfkraft) sind, jedenfalls allen Batterieen vorzuziehen sein dürfte.

Durch die Erfindung Gramme's, mittelst Magnetoinduction electrische Ströme von sehr beträchtlicher Stärke ohne com-

---

[1]) v. Bruns hat am Schlusse seines Werkes einen »Moderateur« beschrieben zur Abschwächung des Stroms, der aber complicirter als der Baur'sche ist, wesshalb ich von der nähern Beschreibung absehe.

plicirten und leicht dem Verderben ausgesetzten Commutator stets in der gleichen Richtung erhalten zu können, ist die Anwendung der theuren und umständlich zu erhaltenden Batterieen, namentlich in der Technik (Galvanoplastik, Beleuchtung etc.) nahezu verdrängt worden und haben sich solche Maschinen selbst nach jahrelangem täglichem 11stündigem Gebrauch vortrefflich bewährt. Diese Maschinen können selbstverständlich ebensogut in der Medicin Anwendung finden.

Eine solche hat mir Hr. Baur in Stuttgart schon vor einigen Jahren gebaut, welche im Wesentlichen folgendermassen construirt ist (s. Taf. V Fig. 1):

M M ist ein starker, stabiler Electromagnet, zwischen dessen halbringförmigen Polenden N und S ein Electromagnetring R mit Hilfe des Schwungrades A durch Handbetrieb in rasche Rotation versetzt werden kann, B bezeichnet die spiralförmig und in Bündeln auf den Ring aufgewundenen Drähte, L sind Kupferstäbe, welche im Kreis herumgesetzt, jedoch von einander isolirt sind, so dass sie eine cylindrische Kupferwalze bilden. Diese aus Kupferstäben zusammengesetzten Walzen befinden sich auf beiden Seiten des Electromagnetringes und sind mit den Drahtbündeln in Verbindung, und zwar so, dass 15 Drahtbündel mit den Kupferstäben L^1 auf der einen und 15 Drahtbündel mit den Kupferstäben L^2 auf der andern Seite verbunden sind; abwechslungsweise ist das eine Bündel mit der einen, das nächstfolgende mit der andern Seite in Verbindung. Sämmtliche 15 Bündel einer Seite sind mit einander in der Weise verbunden, dass das Ende des einen an den Anfang des andern angelöthet ist, so dass das Ganze eine geschlossene Spirale ohne Anfang und Ende bildet. Die Kupferstäbe L sind stets an der Verbindungsstelle zwischen dem einen und dem nächstfolgenden Bündel in sicherem Contact. Die 15 Bündel der andern Seite ganz genau ebenso verbunden. $C^{1. 2. 3. 4}$ auf unserer Zeichnung sind Pinsel von Kupferdraht, welche leicht an den Kupferwalzen anliegen und hiedurch die Verbindung vermitteln. Der innere Kern des

Zusammensetzung.

rotirenden Electromagnetringes R ist ein flacher Eisenring, auf welchem die Drahtwindungen aufgewickelt sind und es bestehen die Drahtbündel der einen Seite aus ziemlich starken, die Bündel der andern Seite aus sehr feinem Kupferdraht.

Der Drahtpinsel und Träger C^1, durch Berührung mit der Kupferwalze mit den Bündeln aus dickem Draht in Verbindung, steht mit dem Anfang der Drahtwindungen des stabilen Electromagneten M, das Ende der Drahtwindungen des letzteren jedoch mit der Drahtklemme K^1 und der andere Pinsel C^2 mit der Drahtklemme K^2 direkt in Verbindung. Die Drahtpinsel der andern Seite, durch die Kupferwalze mit den Drahtwindungen aus sehr feinem Kupferdraht in Contact, stehen in leitender Verbindung mit den Klemmen K^2 und K^3. Der Drahtpinsel C^1 liegt leicht an der Kupferwalze an und vermittelt hierdurch die leitende Verbindung zwischen den auf den Electromagnetring R aufgewickelten Drahtbündeln aus dickem Kupferdraht und dem Pinselträger, an welchen der Anfang der Drahtwindungen des stabilen Electromagneten M angeschraubt ist. Das Ende der Drahtwindungen des letzteren ist mit Klemme K^1 fest verbunden. Von dem Drahtpinsel C^2 und Träger führt eine Kupferdrahtleitung direkt zu Klemme K^2.

Durch den Electromagneten M wurde einmal der electrische Strom einer galvanischen Batterie oder auch magnetoelectrischen Maschine geleitet, wodurch Magnetismus darin erzeugt wurde. Nach dem Unterbrechen des Stroms ist der Magnetismus wieder bis auf einen kleinen Theil, welchen jedes einmal magnetisch gemachte Eisen zurückbehält, verschwunden. Dieser schwache remanente Magnetismus bleibt fortwährend in den Eisentheilen, selbst wenn man die Maschine ganz auseinander nimmt. Werden die Klemmen K^1 und K^2 durch einen Kupferdraht mit einander verbunden und die Maschine in rasche Rotation versetzt, so wird sich auch nach den Gesetzen der Magnetoinduction in dem Electromagnetring R ein electrischer Strom erzeugen, welcher vom Drahtpinsel C^1 durch die Drahtwindungen des Electromagneten M zu Klemme K^1, durch den eingeklemmten Kupferdraht zu Klemme K^2 und zurück zu Pinsel C^2 gehen muss, hiedurch wird im Electromagneten M ein stärkerer Magnetismus, im Electromagnetring R wieder ein kräftigerer Strom, in Folge dessen wieder stärkerer Magnetismus und noch stärkerer Strom u. s. f. erzeugt, so dass man nach wenigen Drehungen das Maximum von Strom und Magnetismus, den überhaupt die Maschine zu liefern im Stande ist, erhält.

Dieser Strom, hervorgerufen durch Rotation eines Electromagneten von dickem Draht, also mit geringem Widerstand, ist quantitativ gleich circa 3—4 Bunsen'schen Elementen.

Wird nun die Klemme K^1 mit K^2 durch einen schlechteren Leiter, z. B. Platin- oder Eisendraht, Platinschlinge, Platinbrenner, Platinmesser verbunden, so werden dieselben bei raschem Drehen der Maschine sofort in heftiges Glühen gerathen und können dann damit die nöthigen Operationen ausgeführt werden. Wird Klemme K^1 mit Klemme K^2 durch einen dicken Kupferdraht verbunden (bequemer ist ein Stöpsel- oder Kurbeleinschalter) und die Maschine rasch gedreht, so wird ein bedeutender Magnetismus im Electromagneten M erregt und in den Windungen von feinem Draht ebenfalls ein starker electrischer Strom erzeugt werden. Dieser Strom von den Drahtpinseln C^3 und C^4 aufgenommen und zu K^3 und K^4 geleitet, kann dort abgeleitet werden, derselbe hat entgegengesetzt dem zuerst erzeugten Strome, weil er durch Windungen von sehr feinem Draht hervorgerufen worden, einen bedeutenden Widerstand, ist sehr intensiv und entspricht einem Batteriestrom von circa 40 Meidinger'schen Elementen.

Diesen Strom kann man beim gleichzeitigen Vorhandensein eines Rheostaten als sogenannten constanten Strom anwenden. Allerdings braucht die Maschine zum vollen Betriebe die Kraft eines Mannes. Steht jedoch dem Arzte, wie in den meisten Spitälern eine Dampfkraft zur Verfügung, so ist die

Gramme als constanter Strom.

Anwendung derselben nicht nur das sicherste, sondern auch das billigste Mittel, um über electrische Ströme von unbegrenzter Stärke zu verfügen. Durch Anwendung eines besonderen Rheostaten mit Strommesser können die Ströme auf's Genaueste nach Belieben regulirt werden.

Gustav Baur hat Maschinen gebaut, mittelst deren man nicht nur einen Platindraht von 2 Mm. Dicke auf 1 Meter Länge, sondern auch mit ebenderselben unter Beihilfe eines Rheostaten einen solchen von $1/2$ Mm. Dicke auf wenige Ctm. Länge gleichmässig in heftigem Glühen erhalten konnte und ist nach meiner Meinung durch diese Maschine der Anwendung des electrischen Stromes ein grosser Vorschub geleistet, namentlich in grossen Heilanstalten, weil dadurch alle die Widerwärtigkeiten, mit welchen man bei Säurebatterieen zu kämpfen hat, wegfallen.

Vortheile. Der Hauptvortheil dieser Maschine ist der, ohne Säuren zu arbeiten, stets einen unfehlbar constanten Strom erzeugen zu können, soviel wie gar keine Betriebskosten zu erfordern und Reparaturkosten zu ersparen. Denn wenn ein Gramme'scher Apparat einmal hergestellt ist, so ist — grobe Verstösse gegen die Mechanik von Seiten des Besitzers abgerechnet — eine Reparatur wohl auf sehr lange Zeit auszuschliessen. Seit 3 Jahren im Besitz dieser Maschine kann ich behaupten, dass wer einmal mit der Behandlungsweise derselben vertraut ist, sich auf sie unter allen Umständen verlassen kann. Die Stärke der Glühwirkung ist bei meinem Apparat die gleiche wie beim modificirten Bunsen'schen. Die Sicherheit und Gleichmässigkeit ist grösser als die aller Batterieen, da sie in direktem Verhältniss zu der Menge der Umdrehungen des Rades steht. Mit Dampfkraft betrieben ist die Gramme'sche Maschine der bis jetzt vollkommenste Apparat für Galvanocaustik. Jene kann natürlich durch eine kräftige Person ersetzt werden, da die Umdrehungen des Rades eine gewisse Kraft erfordern, wenn der Strom in Activität tritt.

Ich habe dieselbe neben meinem Sprechzimmer aufgestellt

und durch Kupferdrähte mit dem Orte, wo ich zu operiren pflege, verbunden, so dass der Kranke nicht durch das Geräusch der Maschine (beim Radtreiben) belästigt wird. Ich benütze dieselbe natürlich nicht so häufig, als die modificirte Bunsen'sche Chromsäure-Batterie, da mir diese für gewöhnlich vollständig genügt. Doch hat sie, wenn benützt, nie fallirt und ebenso bei den besonders im letzten Jahre häufigen Demonstrationen vor in- und ausländischen Collegen stets die gleiche Stärke der Glühwirkung über die Zeit der Verwendung (viele Minuten) gezeigt, kann aber, ohne eine Schwächung zu zeigen, sehr lange Zeit (bis jetzt noch unbestimmt lange), also mindestens viel länger als jede Operation dauert, benützt werden, so lange jedenfalls, als die treibende Kraft die gleiche bleibt. Wie einerseits hierin die Stärke des Apparats liegt, so wird diess für Manchen, dem ein ohne Assistenz zu benützender Apparat als der vollkommenste vorschwebt, als ein Nachtheil erscheinen, allein ein „perpetuum mobile" gibt es eben auch hier nicht.

Es kann überhaupt an dieser Gramme'schen Maschine die grosse Robert Mayer'sche Theorie des mechanischen Wärmeäquivalents am einleuchtendsten demonstrirt werden. Es wird dabei nämlich durch Bewegung ein electrischer Strom ausgelöst, der sich einerseits in Wärme und Licht umsetzt, andererseits wieder in Bewegung (Arbeit) verwandelt werden kann.

Glühversuche.

Was die v. Bruns'schen Glühversuche betrifft, so lässt sich nicht leugnen, dass darauf grosser Fleiss und viele Zeit verwendet ist und wer sich specieller dafür interessirt, möge dieselben in seinem Buche studiren. Es bedarf dazu ausser den Platindrähten von verschiedener Dicke und Länge eines gewöhnlichen hölzernen Metermassstabes, einer Schraubenklammer, eines federnden Drahthalters und einer gestielten

Electrode. Als letztere dient ein kurzer, dicker Messingstab, welcher in eine Messinghülse hineingesteckt wird, deren Stiel in seiner Mitte von einer hölzernen Hülle als Handgriff umgeben ist und an seinem hintern Ende eine Strecke weit frei hinausragt, um damit in die Hülse der Leitungsschnur der Batterie eingesetzt zu werden. — Andrerseits aber ist der praktische Werth nur ein relativer, v. Bruns selbst gibt zu (S. 19, 24 u. 241), „dass nur unter genauester Einhaltung aller dabei nöthigen Cautelen nicht grosse Irrthümer mit unterlaufen." Die Dicke der Versuchsdrähte vor Allem muss mittelst des Millimetermassstabes (Taf. II Fig. 3) genau abgemessen werden, weil schon eine Differenz von vier bis sechs Hunderttheilen eines Millimeters in der Dicke eines Drahts eine Differenz von mehreren Centimetern in der Länge der glühenden Drahtstrecke bewirken könne.

Es sind ausserdem noch verschiedene näher angeführte, viele Zeit und Mühe erfordernde Cautelen nöthig, so dass die Methode für den praktischen Arzt, der keinen Gehilfen hat, wohl kaum gebraucht werden dürfte und zur Prüfung der jeweiligen Glühkraft einer Batterie bei Anwendung des Strommessers, wie er bei der modificirten Chromsäure-Batterie beschrieben ist, zum mindesten nicht unentbehrlich ist. Dass ferner bei einer und der gleichen Batterie, zunächst der Zink-Kohle-Chromsäure-Batterie bei gleicher Zusammensetzung und Menge der Erregungsflüssigkeit verschiedene Zahlen der Glühwirkung sich ergeben können, ist ebenfalls erwähnt. Wenn also, um dieses durch ein Beispiel deutlicher zu machen, die Batterie unter gewissen Verhältnissen einen Platindraht von einem halben Millimeter Dicke in einer Länge von 12 Centimeter hellroth glühend gemacht hat, so darf man nicht erwarten, dass unter denselben Verhältnissen genau dieselbe Zahl ohne Ausnahme immer wiederkehren werde, sondern man wird das eine Mal dieselbe auch um ein Weniges höher, das andere Mal um ein weniges kleiner finden, so dass man etwa 10—15 als den Rahmen bezeichnen kann, innerhalb dessen die Glühkraft der Batterie unter den gegebenen Verhältnissen sich bewegt. Bei kleineren Zahlen (unter 10) wird der Rahmen noch enger, bewegt sich die Differenz zwischen noch wenigeren Zahlen, während sich andererseits bei grösseren Zahlen dieser Rahmen mehr erweitert, so dass die Zahlen der Glühwirkung bis zu 10 Zahlenstellen differiren können. Grössere Zahlendifferenzen in den Zahlen deuten immer sofort auf eine in dem einen oder andern Elemente eingetretene Störung und Abweichung von diesem normalen Zustande hin.

Zur Vergleichung der einzelnen Batterien untereinander mögen diese Versuche immerhin einigen Anhalt geben. Die Vergleichung der v. Bruns'schen Bleiplatinmoor-Batterie mit meiner modificirten Bunsen'schen Chromsäure-Batterie und des Gramme'schen Apparats ergab folgende Resultate:

Benützt wurde hiezu ein Platindraht von 12,5 Ctm. Länge und 0,5 Mm. Dicke.

	Bunsen.	Bruns.	Gramme.
13/5.	Mehrere Minuten stark rothglühend [1]), beginnendes Weissglühen [2]).	Stark rothglühend.	Sehr stark rothglühend (nach etwa 10 Umdrehungen stark weissglühend).
14/5.	Im Verlauf wie am vorhergehenden Tage.	Gut rothglühend.	dto.
15/5.		Wie am vorhergehenden Tage.	
16/5.	Gut rothglühend.	Der Eintritt des Rothglühens erfolgt etwas später als gestern.	Wie am vorhergehenden Tage.

[1]) Bei Anwendung der Combination 3 s. S. 32.
[2]) Bei Anwendung der Combination 2 s. S. 32.

Hedinger, Die Galvanocaustik.

	Bunsen.	Bruns.	Gramme.
17/5.	Gut rothglühend.	Gut rothglühend, nach wenigen Minuten schwächer.	Wie am vorhergehenden Tage.
18/5.	Wie am vorhergehenden Tage.		
19/5.	Etwas schwächer als gestern[1]).	Etwas schwächer als gestern.	Wie gestern.
20/5.	Wie am vorhergehenden Tage.	Anfangs gleich gestern, nach wenigen Sekunden sichtlich schwächer. Glühen kaum bemerkbar.	dto.
21/5.	dto.	Anfangs gut rothglühend, schnell nachlassend.	Immer gleichmässig stark roth-weissglühend.
22/5.	dto.	dto.	dto.
23/5.	Schwächer rothglühend als Tags zuvor.	Sehr schnell nachlassend. —	dto.
24/5.	Wieder etwas stärker als gestern.	Anfangs gut rothglühend, sehr schnell nachlassend.	Stets ganz gleichmässig stark rothglühend, nach 10 Umdrehungen beginnt Weissglühen.
25/5.	Mit Comb. 3: schwach dunkelroth glühend. Mit Comb. 2: gut rothglühend.	dto.	dto.
26/5.	dto.	dto.	dto.

[1]) Ich bemerke ausdrücklich, dass ich hiebei die modificirte Chromsäure-Batterie nebenher zu allen nöthigen Operationen täglich wiederholt verwendete und dass dieselbe daher eigentlich schwächer sein müsste, als die Bleiplatinmoor-Batterie.

	Bunsen.	Bruns.	Gramme.
27/5.	Comb. 3: schwächer rothglühend. Comb. 2: gut rothglühend.	Auch das anfängliche Rothglühen schwächer, dann fast momentan ins schwache Dunkelrothglühen übergehend.	Immer gleichmässig gelb-weissglühend.
28/5.	Comb. 3: fast 0. Comb. 2: s. schwach glühend.	Anfangs schwach, bald nachlassend.	dto.
29/5.	Die verdunstete Flüssigkeit nachgefüllt, darauf Comb. 2: schwach glühend, Comb. 3: 0. Platinblech b. Comb. 2 vollständig weissglühend.	Anfangs sehr schwach glühend, alsbald gar nicht mehr. Platinblech vollst. weissglühend.	dto.
30/5.	Comb. 3: 0, Comb. 2: sehr schwach glühend. Platinblech wie gestern.	dto. Ebenso Platinblech sehr gut glühend	dto.
31/5.	Comb. 3: 0. Comb. 2: 0. Platinblech sehr stark rothglühend.	Sehr schwach glühend. Platinblech sehr stark roth-weissglühend.	dto.

Die weiteren Glühversuche bis zum heutigen Tage (16. Juni) ergaben ähnliche Resultate, nur stand Bunsen gegen Bruns bezüglich der Glühwirkung im Anfang etwas nach, indem er ausser den Glühversuchen täglich oft mehrmals zu Operationen benützt wurde, erholte sich aber bald wieder zu seiner vollen Kraftentfaltung.

Der Gramme'sche Apparat blieb sich in der Stärke der Glühwirkung von Anfang bis heute (16. Juni) vollständig gleich und wird sich auf unbegrenzte Zeit gleich bleiben, vorausgesetzt dass die Zusammensetzung derselben nicht alterirt wird. Es ist dadurch der Beweis geliefert, dass, was physikalisch schon a priori wahrscheinlich war, dieser Apparat der für die Galvanocaustik bis jetzt vollkommenste ist.

II. Theil.

Die für die Galvanocaustik nöthigen Instrumente.

A) Der Handgriff.

Er besteht aus dem nicht metallischen Mitteltheil, an dem die Leitungsschnüre und Ansätze befestigt werden können. Einerseits steht er also mit der Batterie in Verbindung durch messingene Hülsen mit Schrauben, in die Kupferstäbe eingreifen, anderntheils mit den Ansätzen. Letztere müssen sicher befestigt sein, ebenso der Zusammenhang mit den Leitungsschnüren. Darauf ist besonders zu achten, weil durch die Schwere der Kupferdrähte die Verbindungsstücke sonst leicht aus dem Handgriff sich entfernen. Auch darf derselbe nicht zu schwer sein und der schnellen und leichten Orientirung wegen nicht zu viele Vorrichtungen besitzen.

Universalhandgriff. Es sind desshalb die sogenannten Universalhandgriffe für Brenner und Schneideschlinge nicht zweckmässig. Solche wurden construirt von Voltolini, v. Bruns, ebenso von Stöhrer. Der Universalhandgriff von v. Bruns ist am Schlusse näher beschrieben (vgl. auch Zeichnung, Taf. VI Fig. 1), *Cf. Taf. VI Fig. 1. Handgriff für Brenner.* wo auch die übrigen Handgriffe detaillirter geschildert werden.

Der Handgriff für die Brenner allein wurde angegeben:

1) von Middeldorpf. Die von ihm angegebenen Instru-

mente sind von grossem historischen Interesse, weil sie, wenn auch noch etwas plump angelegt, doch die Basis für alle späteren Nachbildungen abgeben und das Genie des zu früh verstorbenen Begründers der Galvanocaustik im hellsten Lichte erscheinen lassen. Originell ist z. B. der Handgriff für die Schneideschlinge mit Schnürwelle. Ausserdem wurden Handgriffe angegeben von Burow, v. Bruns, Böcker, Schech u. A., doch will ich nicht alle des Nähern beschreiben, weil sie meist auf dem gleichen Princip beruhen, sondern mich mit der Aufführung der zweckmässigsten, gegenwärtig hauptsächlichst üblichen, begnügen.

Auf beiden Seiten des Handgriffs sind Vorrichtungen mit Schrauben zum genauen Anpassen der Leitungsdrähte einerseits und der Ansätze, (Röhren oder Brenner) andrerseits.

2) Der Handgriff für die Schneideschlinge von v. Bruns, Burow und Schech. Am angenehmsten ist mir der Schech'sche, weil der handlichste und einfachste, sodann der v. Bruns'sche (vgl. Zeichnung, Taf. VI Fig. 6). (Taf. VI Fig. 6.) Selbstverständlich passt auch nicht jeder Handgriff für jeden Ort der Anwendung, so müssen z. B. die Instrumente für die kleineren Höhlen zierlicher gebaut und demnach auch der Handgriff wegen der Ansätze zierlicher, compendiöser sein (für die Vagina stärker als für Ohr und Kehlkopf).

B) Die Ansätze.

I. Brenner.

Voltolini[1] unterscheidet:
1) den spitzen, ganz feinen Galvanocauter (Leitungsdrähte übereinander oder hintereinander. Dieser ist im

---
[1] Voltolini a. a. O. S. 30 ff.

Kehlkopf das Hauptinstrument und modificirt als kugelförmiger oder knopfförmiger Ansatz, sowie in der spitzen Form auch in der Otriatik am meisten gebraucht. Die **galvanocaustische Zange** wird wohl ausser Gebrauch gekommen sein, denn wenn die Spitzen der Platindrähte (Branchen der Zange) sich berühren, so dass Schluss und Glühen stattfindet, so kann ein Gegenstand nicht von denselben ordentlich gefasst sein und dann ätzt man hinter demselben ins Blaue hinein. Man müsste nur innerhalb der Neubildung z. B. die Spitzen sich berühren lassen, was wohl ebenfalls im Dunkeln manövrirt wäre, zu dicke Spitzen erfordern jedenfalls zum Glühen eine zu starke Batterie, bei zu dünnen dagegen ist die Gefahr des Schmelzens naheliegend. Neuerdings erwähnt Voltolini in der Monatschrift für Ohrenheilkunde No. 3. 1878 eine galvanocaustische Zange, an welcher beide Branchen, d. h. jede für sich glüht, ohne dass dieselbe jedoch näher beschrieben wäre. Sie soll zum Fassen von Kehlkopfpolypen in den Fällen gebraucht werden, in denen die Schlinge sich nicht um den Polypen legen lässt. Da aber bis jetzt noch keine Urtheile darüber vorliegen, habe ich mich auf die Anführung des Instrumentes zu beschränken.

2) Den **stärkeren, spitzen** Galvanocauter, den ich auch oft verwende zur punktförmigen Cauterisation.

3) Den **messerförmigen** Galvanocauter, eine Art Platinblech, d. h. eine breitgeschlagene, entenschnabelförmige Platinschlinge, dient zur linearen Cauterisation oder zum „Schneiden". Ich finde letzteren Ausdruck übrigens nicht glücklich gewählt, da der Erfolg des „Schneidens" häufig mehr dem Sägen entspricht. Zu diesem Ansatz bedarf es übrigens eines sehr starken Stromes, d. h. der ganzen Glühwirkung der Batterie. Um diesen stärksten Effekt zu erzielen, müssen die Elemente durch Stöpselung so verkuppelt werden, dass man nur 1 oder 2 Ele-

mente besitzt. Dieser Ansatz ist nothwendig für grössere Neubildungen.

Die Brenner von v. Bruns[1] u. A. sind von den vorigen etwas verschieden. Mechaniker Albrecht in Tübingen hat 2 differente Arten von Brennern construirt, **abnehmbare Platinansätze und festsitzende Ansätze.**

a) **Erstere** haben den Vortheil der Einfachheit in der Handhabung beim Wechsel der Ansätze, der bei zu starkem Glühen, d. h. Schmelzen etc. nöthig werden kann, und den grösseren Wohlfeilheit, weil dieselben nur aus dem Cylinder durch Nachlass des Ringes entfernt zu werden brauchen, um wieder durch einen neuen ersetzt zu werden, ohne Nachhilfe des Mechanikers. Ihr Nachtheil besteht aber in der zu wenig festen Verbindung, so dass es vorkommen kann, dass die Schenkel des weichen Platins sich verschieben.

Abnehmbare Ansätze.

Das aus 2 Theilen bestehende Ansatzstück der beweglichen Brenner, wie v. Bruns sie heisst, ist construirt aus 2 geraden[2] Messingstücken von 4 Mm. Dicke und 6—10 Ctm. Länge. Am hintern Ende, wo die Verbindungsstücke des Handgriffs eingreifen, vermittelt ein queres Elfenbeinstück den Zusammenhang beider. Am vordern Ende sind diese Stücke (3 Ctm. lang) gespalten und durch einen Messingring zur Aufnahme der „beweglichen" Brenner befähigt. Diese selbst sind ungefähr 5 Ctm. lang, 0,4—1 Ctm. dick. Die gebräuchlichsten sind folgende (Taf. VII):

1) der **schnabelförmige**,
2) der **nadelförmige**, ich benütze dazu einen gebogenen und fein ausgeschlagenen Draht (Taf. VII Fig. 7),
3) der **spatelförmige** oder besser **löffelförmige** mit breitgeschlagenen Enden.
4) der **messerförmige**, ein- oder zweischneidig, ist nur

---

[1] v. Bruns S. 383 ff.
[2] Für meine Zwecke habe ich sie stumpfwinklig oder bogenförmig (mit abgerundetem stumpfem Winkel) verfertigen lassen (Taf. VII Fig. 1).

eine Modification des löffelförmigen, zur Anlegung von Schnittöffnungen (Taf. VII Fig. 8),

5) der knopfförmige, olivenförmige, wovon (Taf. VII Fig. 3 u. 4) der kuppelförmige nur eine kleine Veränderung darstellt und von mir wenig gebraucht wird, weil ich das knopfförmige Ende grösser und kleiner habe anfertigen lassen. Hiebei ist übrigens vor Allem darauf zu achten, dass der Knopf nicht dicker wird als der übrige Draht, sonst glühen die Schenkel der Ansätze noch früher als der Knopf oder schmelzen sogar vorher, ein Fehler, den ich bei Ansätzen von auswärtigen Instrumentenmachern nicht selten entdeckt. Mir ist diese Form bei Aetzungen von Granulationen in einer kleinen Höhle (Ohr, Abscesshöhle u. s. w.) der angenehmste Ansatz.

(Taf. VII Fig. 11.) 6) Der Porcellanbrenner, eine Modification des Spiralbrenners, welcher keine Verbreitung verdient, auch v. Bruns scheint ihm dem 6) nachzustellen [1]). Derselbe besteht aus einem Porcellankegel, der an seiner Oberfläche mit einer spiraligen Furche versehen ist, die mit einem Loch unter der Spitze des Kegels abschliesst. Die Verbindung mit den Kupferdrähten muss natürlich sehr solid sein. Man hat die Porcellankegel von verschiedener Grösse. In jedem Falle ist derselbe ein ganz zweckmässiges Instrument. Das Wärmequantum, das das Porcellan annehmen kann und ausstrahlt, ist nämlich ein sehr bedeutendes und vermehrt gewissermassen die ätzende Oberfläche des metallischen Brenners. Die Porcellanbrenner sind langsam zu erhitzen, bei plötzlichem Eintreten der Glühhitze zersprengen leicht die Spitzen. Es ist desshalb am besten, den Rheostaten zu benützen (Einschaltung einer Widerstandseinheit).

[1]) S. 339.

b) **Die festsitzenden, unbeweglichen Ansätze** ziehe ich im Allgemeinen den beweglichen vor, da sie eine grössere Sicherheit im Manövriren gestatten und weil jene sich nur für die äussere Körperoberfläche eignen und in den Höhlen und Kanälen, namentlich in kleineren Räumlichkeiten des Körpers, Nase, Rachen, Kehlkopf, Ohr, Vagina, Rectum nicht verwendet werden können, indem daselbst kein Raum für die dicken Stäbe, an denen die Ansätze befestigt werden und für die letzteren Höhlen die Controle von Seiten des Auges unmöglich ist. Für diese Fälle benütze ich hauptsächlich einen bogenförmigen, früher stumpfwinkligen Ansatz von 15—20 Ctm. Länge und 2—3 Mm. Dicke, doch so, dass sich die beiden Kupferdrähte, die von einander durch Seide getrennt und mit demselben Stoff umwickelt sind, nach vorn verjüngen, um möglichst wenig Raum und Licht wegzunehmen.

Als Ansätze sind hier hauptsächlich zu verwenden:
1) der **schnabelförmige** (Taf. VII Fig. 2),
2) der **knopfförmige** (Taf. VIII Fig. 2 u. 3),
3) der **messserförmige** [1]).

Der letztere, hauptsächlich für die Rachenhöhle, resp. Mandeln bestimmte ist für mich ein ganz unentbehrliches Instrument für die Aetzung der Tonsillen, vgl. III. Theil (Taf. VII Fig. 2. 5. 8).

In den kleineren Höhlen, Kehlkopf, Ohr, kann aber letzterer Ansatz nicht verwendet werden.

Die Ansätze selbst müssen so construirt sein, dass die beiden vorderen Endstücke übereinanderliegen und nicht nebeneinander, aus Gründen der Raumersparniss und Lichtvermehrung.

Die Ansätze für Kehlkopf und Ohr sind im Ganzen sehr

---

[1]) Sowohl G. Baur in Stuttgart als C. Albrecht in Tübingen stellen diese Instrumente jetzt in grosser Vollkommenheit und zu sehr mässigen Preisen her. Sie erfreuen sich bereits einer grossen Kundschaft im Auslande.

wenig verschieden und es lassen sich dieselben bei sorgfältiger Arbeit krümmen, und für den Fall sie lang genug sind, in beiden Höhlen verwenden. Wenn v. Bruns es als „wesentlich nothwendige Eigen- „schaft für alle diese Brenner hält, dass sie nicht nur mo- „mentan auf Kettenschluss erglühen, sondern dass auch dieses „Erglühen zuallererst an der äussersten Spitze des Brenners „eintritt und sich dann erst von hier aus weiter aufwärts auf „die beiden Schenkel ausbreitet, je nach der Stärke der „Batterie und des Kettenschlusses" und daraus den Schluss zieht, dass der knopfförmige Brenner sich nicht zur Anwendung innerhalb der Kehlkopfhöhle eigne, ausgenommen sehr grosse Tumoren mit weicher Consistenz, so ist darauf nur zu erwidern, dass solche Brenner eben nicht richtig construirt sind, wie ich schon früher auseinandergesetzt habe. Ein richtig construirter Brenner muss an der Spitze zuerst erglühen, weil sonst die Spitze dicker ist als der Schenkel.

II. Die Schneideschlinge

Schlinge. ermöglicht, die Vorzüge der Ligatur mit denen des Schnittes und der Cauterisation zu verbinden, an Orten in vielen Fällen unblutig zu operiren, wohin man mit dem Messer nicht gelangen kann.

Ich halte es für wichtig, die Middeldorpf'sche [1]) Schneideschlinge zuerst aufzuführen. Die Enden einer Platindrahtschlinge werden durch 2 nebeneinanderlaufende Röhren geleitet, welche in einer passenden Handhabe befestigt sind. Durch Zug an den Enden wird die Schlinge, während der Strom durch sie geht, verkleinert. Diesen Zweck erreicht er durch eine Schnürwelle, auf welcher die Enden des Drahtes aufgewunden werden.

Die Ligaturröhren haben je nach den verschiedenen

---

[1]) Oliviero a. a. O. S. 32.

Körperstellen, an welchen die Schlinge angelegt werden soll, verschiedene Formen und Grössen. Beim Gebrauche der Schneideschlinge wurde von Middeldorpf der Draht entweder vom Schlingenträger isolirt in eine Ligatur umgelegt und dann mit demselben erst verbunden oder die fertige am Schlingenträger befindliche Schlinge um den zu entfernenden Körper gelegt. In tiefen Höhlen, z. B. im Nasenrachenraum, benützte genannter Autor eine Doppelröhre von Silber, in der die Platinschlinge durch die Nase durchgezogen wurde, während die Finger der andern Hand dieselbe im Pharynx ergriff und an Ort und Stelle leitete und die Röhre entfernte, um dafür die Drahtschlinge in die Ligaturröhren einzuführen.

Seit Middeldorpf ist die Construction der Schneideschlinge zwar verbessert, aber noch nicht genug vervollkommnet worden, nicht etwa wegen des Materials der Drähte, denn man wird in der Jetztzeit keinen Eisendraht mehr verwenden (es kann sich nur um Platin handeln[1]), sondern wegen der Leitungsröhren.

Es ist nämlich die Erwärmung des eingeschalteten Platindrahts von der Länge desselben abhängig, weil durch Einschaltung einer grössern Länge Platindrahts der Strom geschwächt wird[2]. Wenn nun die Platinschlingen in leitenden Metallen zurückgezogen werden, so nimmt der Widerstand ab, es muss also der Strom stärker werden, da die Drähte sich theilweise abkühlen; damit entsteht aber die Gefahr des Abreissens resp. Abschmelzens der Schlinge, diese sollte daher nur in schlechtleitenden Substanzen — Porcellan, Glas, Serpentin — vor- und zurückgeschoben werden.

Leider aber hat die unzweifelhaft richtige Theorie in der Leitungsröhren.

---

[1] Die Einwendungen Voltolini's S. 35, dass Platin zu weich und desshalb leicht zerreisslich ist, sind gegenwärtig nicht mehr statthaft. Mit Drahtsaiten möchte ich wenigstens nicht operiren.
[2] Vgl. Zech a. a. O. S. 143.

Praxis noch nicht verwirklicht werden können, da es faktisch unmöglich ist, aus den eben genannten 3 Materialien Leitungsröhren herzustellen. Ich habe mir in dieser Richtung seit Jahren alle erdenkliche Mühe ohne jeden Erfolg gegeben, und so bleibt vorläufig nichts übrig, als mit nicht zu eng gearbeiteten kupfernen Leitungsröhren zu arbeiten.

Die Leitungsröhren, welche auf dem früher beschriebenen Handgriff aufsitzen, sind wie die soliden Kupferstäbe durch Seidenfadentouren von einander isolirt und zugleich untereinander durch das gleiche Bindemittel verbunden. Hinten an der Verbindungsstelle mit dem Handgriff werden sie durch eine Elfenbeinkrücke zusammengehalten.

Die Dicke der Röhren ist eine verschiedene, je nach dem Ort der Application, von 2—4 ½ Mm., die Lichtweite ½—1 Mm.

Dass man für Höhlen, wo ohnehin das Licht künstlich durch Spiegel etc. zugeführt werden muss, gekrümmte resp. gebogene Röhren nimmt, statt gerade, wie auf der Oberfläche des Körpers, Ilaut etc. ist selbstverständlich.

Doppelstab.
Taf. VII
Fig. 13.
v. Bruns beschreibt noch eine andere Art von Ansatzstück für die Benützung der Schneideschlinge, den Doppelstab[1]). Es sind nach v. Bruns 2 parallele Messingstäbe von 3—4 Mm. Dicke und 8 Ctm. Länge mit einer kurzen Hülse an ihrem vordern Ende, am hintern sind sie durch ein Elfenbeinstück vereinigt. Der Hauptvortheil soll neben der leichteren Reinigung (welche mir übrigens nie Schwierigkeiten machte) ein rascheres Durchziehen der Schlinge ermöglichen. Die anderen Vortheile kann ich wenigstens bei dieser Modification der kalten Drahtschlinge nicht einsehen. Jedenfalls werden sie wieder aufgewogen durch die Wegnahme von Licht in kleineren Höhlen. Auch ist das Durchziehen der Schlinge durch gut gearbeitete und nicht zu enge Röhren keineswegs so zeitraubend, selbst wenn man erst nach angelegter Ligatur die Enden der Drähte durch die Röhren steckt. Jedenfalls

---

[1]) v. Bruns a. a. O. S. 377 ff.

sollte man sich mit diesem Doppelstab auf die Oberfläche des Körpers beschränken, oder höchstens, wie auch v. Bruns zugibt, auf den Anfangstheil einiger an der Oberfläche des Körpers einmündender Schleimhauthöhlen (Mundhöhle, Scheide, Mastdarm), die sich durch Erweiterungsmittel ausdehnen lassen. Auch ist die Befestigung der beiden Enden der Drahtschlinge an einem auf beiden Seiten bis fast zur Mitte durchsägten Elfenbeinbalken eine nicht vollkommene und hat mich namentlich bei festen Geschwülsten schon im Stich gelassen, da die Schraube den Draht nicht fest genug hielt. Es kann übrigens der Draht in der Weise wie bei dem Wilde'schen Polypenschnürer in 2 Löchern eines Querbalkens und durch nachherige Umschlingung an 2 seitlich angebrachten Schrauben sicherer befestigt werden, wie es schon Middeldorpf und neuerdings Schech in München an seinem Handgriff that.

Die Röhren, wie auch die Ansätze liegen entweder horizontal nebeneinander oder unter- resp. übereinander, das letztere ist zweckmässig, um mehr Licht in die betreffenden Höhlen einzulassen.

Je weniger Finger man nun zum Zurückziehen der Schlinge braucht, um so brauchbarer wird das Instrument sein, weil man einen Finger noch nöthig hat zur Oeffnung und Schliessung der Kette, besonders wenn man noch eine Hand braucht zur Beleuchtung einer Höhle (Ohr, Kehlkopf, zum Festhalten des Trichters, Spatels etc.). Für Operationen von langer Dauer, bei grossen oder festen Geschwülsten, wobei eine Hand leicht ermüdet, hat v. Bruns noch eine **Schraubenvorrichtung** beschrieben, ähnlich wie beim Ecraseur (Schraubenstange aus Stahl in einer Messinghülse, auf der ein Läufer mit Schraubengängen befestigt ist). Während man mit der einen Hand den Handgriff fixirt, zieht man mit der andern die Schlinge an durch Umdrehen der an dem Schraubenstab befindlichen Scheibe.

Das Verfahren selbst ist ein sicheres, aber immer ein complicirteres, als die früher angegebenen und im Grunde genommen nicht unentbehrlich.

Schlinge mit Schraubenvorrichtung

Der Vollständigkeit halber habe ich noch

III. des Glühdrahts

zu gedenken.

Glühdraht. Derselbe wurde von Middeldorpf zum Ausbrennen von Fistelgängen benützt, sowie zur Verödung grosser cavernöser Tumoren, indem er durch dieselben je nach ihrer Grösse mehrere Drähte hindurchführte. Es hat dieses Verfahren aber vor unserer jetzigen Schneideschlinge keinerlei Vorzug, vor Allem nicht den der Vermeidung der Blutung.

Die Drähte sind $1/2 - 1$ Mm. dick und werden durch die Organe mit Hilfe von langen Nadeln gezogen, die an einem Ende ein Loch zur Aufnahme derselben haben. Zur Befestigung des Drahts benützte Middeldorpf kleine Zangen, v. Bruns Klammern oder Drahthalter.

Um einen ulcerösen Kanal, eine Fistel zu ätzen und eine bessere Granulation auf deren Oberfläche hervorzurufen, zieht man den Draht mittelst einer Ohrsonde durch den Kanal durch und befestigt die Drahtenden in die Klammern. Durch sägeförmiges Ziehen wird man den beabsichtigten Zweck erreichen und den Draht nachher durch Oeffnen der Klemmen wieder entfernen. Meist wird mit dem Glühdraht von innen nach aussen geschnitten, z. B. bei fistulösen Geschwüren. — Bei Mastdarmfisteln wendet man besser die Schneideschlinge an (vgl. den Abschnitt über Fisteln S. 64).

III. Theil.

Ehe wir nunmehr zu der praktischen Anwendung der Galvanocaustik übergehen, haben wir noch kurz einige Regeln zu beschreiben, welche bei der in Action getretenen Batterie zu beachten sind.

Handhabung der isäurigen Batterie.

So einfach die Handhabung der Chromsäure-Batterie oder überhaupt der nur eine Säure enthaltenden früher beschriebenen Apparate ist, so darf doch in keinem einzigen Falle die Grösse der Glühwirkung ausser Acht gelassen werden, denn ein anderer Ansatz muss benützt werden, wenn es sich um Aetzung grösserer Flächen handelt, ein anderer bei circumscripten Stellen.

Man wird desshalb immer vor Beginn den Grad des Glühens untersuchen und im entsprechenden Fall den Rheostaten benützen, und gerade für den Fall, dass der Strom zu stark oder zu schwach wäre, zeigt sich die Zweckmässigkeit der Nebenapparate[1]) an der modificirten Chromsäure-Batterie.

Tritt aber keine Weissglühhitze ein, ist der Strom somit zu schwach, so ist die Sache schon complicirter, man untersucht der Reihe nach die metallischen Verbindungen, obwohl diese kaum je einmal die Ursache des Fehlens der Glühwirkung abgeben dürften; glücklicherweise sind diese Fälle bei

---

[1]) Beschreibung derselben s. S. 31.

der richtigen Instandhaltung der Batterie sehr selten (mir selbst ist es nie begegnet), dann die Zinkplatten auf die gehörige Amalgamirung, die Gläser, Thon- oder Asphaltzellen auf ihre Füllung, die man am besten durch einen Papierstreifen markirt, — und rectificirt hiernach die Mängel. Manchmal aber genügt es, einige Minuten zu warten, um einen kräftigeren Strom zu bekommen. Dasselbe kann in vielen Fällen übrigens durch eine andere Verkupplung[1]) oder durch die Wahl eines dünneren Drahtes bewirkt werden.

Während der Ausführung einer Operation ist es mir mit der modificirten Chromsäure-Batterie noch nie begegnet, dass mich die Batterie im Stich gelassen, ich hatte desshalb auch nicht nöthig, einen Gehilfen aufzustellen, wie v. Bruns thut, was übrigens bei der angeführten Batterie überhaupt unnöthig ist der Einfachheit der Handhabung wegen. Bei Anwendung der Schneideschlinge gibt die Schnelligkeit des Durchschneidens den hauptsächlichsten Massstab für die richtige Glühwirkung, da in Folge des Rauches oder der nicht selten entstehenden Blutung das Auge nicht immer den Gradmesser dafür abgeben kann.

Bei Anwendung des Galvanocauters hat man am Grade des Erglühens (Roth- oder Weissglühhitze) den besten Massstab sowohl vor als während der Operation selbst, wenn sie nämlich in einzelnen Akten vorgenommen wird.

Ein verhältnissmässiges sicheres Merkmal der jeweiligen Stärke ist übrigens der a. a. O. beschriebene Strommesser, der mir bis jetzt — wenn ich ihn überhaupt brauchte — auch richtig zeigte. v. Bruns benutzte früher eine Tangentenbussole, die ihm[2]) gar keinen Anhaltspunkt für die Beurtheilung der Stromstärke abgab.

Im Allgemeinen muss übrigens bemerkt werden, dass sich schwer Regeln für alle Fälle geben lassen.

---

[1]) S. S. 32.
[2]) v. Bruns a. a. O. S. 495.

Die Galvanocaustik verlangt Vertrautheit mit dem dienstthuenden Apparat, die man sich sehr leicht und bald erwirbt im Umgang mit demselben, und wenn irgendwo, so ist hier die Praxis die beste Lehrmeisterin. Alle Schilderungen der möglichen Vorkommnisse sind nicht zu geben und es bleiben desshalb derartige Schilderungen stets Stückwerk. Je mehr man aber mit seinem Instrument vertraut wird, um so seltener werden die Fälle, wo man den Grund mangelnder Glühwirkung nicht erkennt. Erste Bedingung dazu ist natürlich absolutes „Blankhalten", Entfernung jeder Verunreinigung vor und während der Operation (so besonders Entfernung der ganzoder halbverkohlten organischen Bestandtheile des cauterisirten Körpers.

In 75 % Fällen, wenigstens für den Anfang, ist der Inhaber der Batterie an dem Misserfolg ja selber Schuld. Nur kann man sich damit trösten, dass man an Misserfolgen häufig mehr lernt, als an sogenannten „glänzenden Resultaten".

Soviel kann ich nach 11jähriger Praxis wohl behaupten, dass ich mit der Batterie von einer Erregungsflüssigkeit viel weniger Enttäuschungen erlebte, als mit der von 2 Säuren.

Anwendung der galvanocaustischen Apparate.

Es ist in hohem Grade interessant zu verfolgen, wie Middeldorpf mit seinem unvollkommenen Apparat, begeistert wie er von der Galvanocaustik war, alle erdenklichen chirurgischen Operationen kleinerer und grösserer Art in den Bereich seines Wirkens zog und ohne alle Umschweife den Erfolg oder Misserfolg angibt. Wahrlich für die Jetztzeit ein nachahmungswerthes Beispiel. Denn wenn er z. B. zur Blutstillung die Galvanocaustik empfiehlt und lange nach ihm die journalistischen Lobredner unserer Methode kein Ende nehmen wollten, so waren damals noch zu wenig Erfahrungen über Misserfolge, die jetzt vorhanden sind und es erfordert die

Middeldorpf.

Wahrheit zu sagen, dass die Galvanocaustik absolut kein Präservativ gegen Blutungen ist.

<small>Anwendung der Brenner.</small> Die hauptsächlichste Anwendung in der Galvanocaustik finden die Brenner, wesshalb wir diese vor der Schlinge beschreiben wollen. Der Unterschied der Galvanocauteren vor <small>Thermocauter.</small> dem französischen Thermocauter springt bei den Brennern ganz besonders in die Augen. Der Autor, der denselben in seiner jetzigen Gestalt angab, war Paquelin. Sein Thermocauter (Platinbrennapparat) besitzt die Eigenschaft, das Platin durch den Luftdruck eines Gebläses, dem kohlenstoffhaltige Gase aus einer Flasche mit Benzin zugeführt werden, so lange glühend zu erhalten, als die Berührung mit der genannten Gasmischung stattfindet. — Der Apparat enthält zwei Brenner, einen messerförmigen und einen knopfförmigen. Diese werden über einer Spirituslampe in dem weissen Theil der Flamme erhitzt bis zur Rothglühhitze, sodann wird das Gebläse langsam in Gang gesetzt und nach kurzer Zeit erglüht das Platin hellroth. Ist diess der Fall, so bedarf es der Weingeistlampe nicht mehr, da der Brenner, einmal ins Glühen gebracht, fortfährt zu glühen, so lange er noch warm genug ist. Diess dauert immerhin $1/2$ Minute, ja man kann es auf längere Zeit noch ausdehnen. Bei sehr starkem Arbeiten des Gebläses bringt man das Platin auch zum Weissglühen, doch ist diess schwieriger.

Der Hauptfehler des Thermocauter ist, dass derselbe nur auf der Oberfläche des Körpers mit Sicherheit anzuwenden ist, wo auch andere wirksame Cauteren sich appliciren lassen. In Höhlen ihn zu verwenden, ist keine Möglichkeit. Da er in geschlossenem Zustand nicht an die Stelle der Aetzung zu bringen ist, sondern zuerst erglühen muss, so wird dieser Apparat die Galvanocaustik nie ersetzen. Dem gegenüber haben die galvanocaustischen Brenner den Vortheil, dass sie an jede beliebige Stelle in kaltem Zustande gebracht werden können, um dort blitzschnell zu erglühen und diesen Zustand auf lange Zeit zu behalten. Da ferner die erglühende Stelle eine kleine und beschränkte ist, so leuchtet ein, dass damit die Wirkung genau vorausbestimmt und begrenzt werden kann. Auch ist nicht zu verkennen, dass jederzeit die Wirkung des Cauters modificirt, d. h. geschwächt oder auch unter Umständen verstärkt werden kann, was bei dem Thermocauter von Paquelin nie der Fall ist. Die meiste Verwendung finden die Brenner in den Höhlen des Körpers, auf den Schleimhäuten. Auf der Oberfläche des Körpers, auf der äussern Haut werden sie fast nur noch benützt zur Aetzung, z. B. von kleinen Neubildungen, am häufigsten bei Lupusknötchen; zur gründlichen Zerstörung derselben ist es aber nothwendig, dass noch ein Theil des gesunden Gewebes mit zerstört wird. Am besten benützt man hiezu den knopfförmigen oder porcellanförmigen Brenner. Auch bei Epitheliomen habe ich die Galvanocaustik schon benützt, und zwar in einem Fall von Epitheliom der rechten Wange und einem solchen im äussern Gehörgang, welches übrigens sehr rasch recidivirte und mir den Eindruck machte, als ob es auf die galvanocaustische Behandlung rascher wachse. Im Ganzen wurde es 7mal galvanocauterisirt. Gründlich entfernt wurde dasselbe in der That nur durch die Auslöffelung mittelst eines scharfen Löffels. Es ist wenigstens seit 1¼ Jahr kein Recidiv vorgekommen. Auch bei Teleangiectasieen war mir einer der breiten oder spatelförmigen Brenner von Nutzen. Bei oberflächlichen Blutgefässerweiterungen im Gesichte genügen zuweilen schon mehrere Sitzungen eines leichten Hinüberstreichens der Brenner über die kranke Fläche.

Schliesslich lässt sich der Galvanocauter zur Erzielung einer bessern Granulationsfläche verwenden, wie z. B. bei torpiden Geschwüren u. s. w. Auch hier werden am besten die breiten oder Porcellanbrenner gewählt.

Von den Höhlen des Körpers sind es hauptsächlich die kleineren und engeren, wo die Galvanocaustik ihre Triumphe feiert, so der Kehlkopf, der äussere Gehörgang und die Paukenhöhle, die Nasenhöhle, der Nasenrachenraum mit den Tonsillen, der Mund und die Mundhöhle mit den in derselben befindlichen Organen einschliesslich der Zähne, der vordere Theil der Harnröhre, die Scheide und die Mastdarmhöhle. Am häufigsten wurde wohl im Kehlkopf, Nasenrachenraum und Ohr cauterisirt.

1) Kehlkopf.

Kehlkopf. Unzweifelhaft hat v. Bruns dieses Verfahren am häufigsten geübt und besitzt am meisten Erfahrung darin, wesshalb wir hierin seiner Beschreibung folgen.

Wenn v. Bruns sagt, dass der zur Aetzung von Granulationen dienende Höllenstein in fester Substanz der Galvanocaustik entschieden nachsteht, weil die Wirkung jenes Mittels nicht so auf die unmittelbar berührte Stelle beschränkt werden kann und weil die Folgewirkungen, besonders Schmerz, viel heftiger auftreten und viel länger andauern als bei unserer Methode, so kann ich diess auch für die Mund-, Nasen- und Rachenhöhle, sowie fürs Ohr nur bestätigen.

Von den Brennern benützt v. Bruns den kurzschnabligen, wenn nur an einer ganz kleinen punktförmigen Stelle gebrannt werden soll, den kuppelförmigen Brenner mit gerade nach unten gerichteter Kuppel, wenn dieses Brennen an einer etwas grösseren Stelle geschehen soll. Der kuppelförmige Brenner mit nach vorn gerichteter Kuppel passt bei dem Brennen an der hintern Wand der Kehlkopfshöhle, der spatelförmige Brenner mit seitwärts gekehrten Flächen passt, wenn auf den Seitenflächen an der hintern Kehldeckelfläche oder an der vordern Fläche der Giessbeckenhügel in grösserer Fläche gebrannt werden soll. Zum stichförmigen oder schnittförmigen Brennen benutzt man die Seitenränder der ebengenannten spatelförmigen Brenner, selten den schnabelförmigen Brenner.

Bei der Einführung dieser Brenner in die Kehlkopfshöhle wird der sie tragende Handgriff mit der rechten Hand einem Geigenbogen ähnlich gehalten, wobei der Mittelfinger den

Knopf des Handgriffs nur ganz leicht berührt. So genügt der leiseste Druck mit demselben auf den Knopf, um den Brenner sofort erglühen zu lassen; hält sich der Kranke ganz ruhig, so lässt man den Brenner so lange als nöthig angedrückt. Besonders ist diess mit dem knopfförmigen Brenner möglich, wenn er in eine Neubildung eingesenkt werden kann; häufiger dagegen, wenn der Kranke im Moment des Erglühens den Kehlkopf krampfhaft zusammendrückt, hat man den Druck auf den Knopf nachzulassen und das Instrument aus dem Kehlkopf zu entfernen, und es muss das Verfahren in längeren und kürzeren Zwischenpausen je nach dem laryngoscopischen Befund wiederholt werden. Wer sich ausführlicher hierüber belehren will, den verweisen wir auf die Schriften von v. Bruns.

2) Ohr.

Die Verwendung der Galvanocaustik im Ohr datirt erst aus neuerer Zeit (Voltolini, Jacoby, Schwartze, Hedinger [1]), obwohl schon Middeldorpf (S. 145) die Vorzüge derselben für die Operation der Ohrpolypen bei der beschränkten Räumlichkeit hervorhob. Ihn leitete hiebei die Ueberzeugung, am wenigsten zu verletzen und „die geringere Gefahr der Blutung". Er operirte mit der Schneideschlinge. Diese tritt nun allerdings bei der zweckmässigen Construction der „kalten Drahtschlinge" mittelst des modificirten Wilde'schen Apparats in den Hintergrund und wird nur für die Fälle von sehr harten und grossen Neubildungen aufgespart; umsomehr aber findet der Brenner Verwendung bei kleineren Geschwülsten, Granulationen etc.

Am äussern Ohr benützte ich denselben bei angeborenen Missbildungen, lappenförmigen Anhängseln am äussern Ohr, Lipomen am Ohrläppchen und ähnlichen, welche ich auch

Acusseres Ohr.

---

[1] Med. Corr.-Bl. 1871 p. 204 und 1877 No. 6—8.

durch die Schneideschlinge entfernte, ausserdem bei circumscripten Wucherungen der Schleimhaut des äussern Gehörgangs, welche mir den Anfang der als Exostosen geschilderten Verengerungen des meat. audit. ext. zu bilden scheinen. Ich habe wenigstens eine dieser Wucherungen in einem Ohre durch Cauterisation mit dem knopfförmigen Brenner zum Rückgang gebracht, während die andere nicht zur Behandlung zugelassene später als „Exostose" zur Beobachtung kam.

Polypen im äussern Gehörgang wurden, wenn nicht mit der kalten Drahtschlinge, meistens mit dem knopfförmigen Brenner entfernt. Doch ist daran zu erinnern, dass in den seltensten Fällen Polypen vom äussern Gehörgang entspringen, sondern nur in denselben hineinragen durch eine mehr oder weniger grosse Perforation des Trommelfells (vgl. weiter unten).

Das Gleiche gilt von den anderen Neubildungen im Ohr. Einen Fall von Epitheliom des äussern Gehörgangs habe ich kurz im Anfang (Einleitung zu diesem Kapitel) beschrieben. Es versteht sich von selbst, dass die Galvanocaustik bei jeder andern Art von Neubildung, wie sie manchmal im äussern Gehörgang vorkommen, benützt werden kann. Ich habe damit z. B. eine kleine Knorpelgeschwulst vermittelst der Schlinge abgetragen.

Eine sehr gefässreiche Geschwulst im äussern Ohr entfernte ich durch die Schneideschlinge mit einer furchtbaren Blutung, die keinem Stypticum weichen wollte. Nur die längere Compression der Carotis hiess die Blutung endlich schweigen.

Das Zerbrennen fremder Körper im äussern Gehörgang übt vielleicht heute nur noch Voltolini. Ueber die Art und Weise ist die Monatschrift für Ohrenheilkunde in den Jahren 1873—74 [1]) nachzusehen. Soviel ich weiss, hat kein anderer Ohrenarzt diese Methode nachgeahmt. Ich selbst

---

[1]) Voltolini No. 10. 1873. — Nr. 4. 1874.

habe meine **Fremdkörper** immer (es sind gegen 250 Fälle) **auf** einfachere Weise entfernt.

Die **Perforation des Trommelfells**, von **Voltolini** 1871 beschrieben, habe ich sehr oft versucht. Die Galvanocaustik bietet hier den Vortheil der Herstellung einer umfänglichen, auf leichte Weise zu erzielenden Lücke, die aber in kürzerer Zeit wieder zusammenheilt, als die durch die Lanze herbeigeführte Oeffnung.   *Perforation des Trommelfells.*

Indication: Bei Exsudationsprocessen im mittlern Ohr, bei subjectiven Geräuschen, sehr starker Spannung des Trommelfells, Narben desselben, wobei man hoffen kann, dass der Schall mit Umgehung des abnorm leitenden Trommelfells direkt aufs mittlere und innere Ohr fortgepflanzt wird, also bei den Versuchen, eine persistente Trommelfellöffnung anzulegen, die aber eben leider alle bis jetzt misslungen sind.

Als Instrument dient der spitze, oder ein kleiner, knopfförmiger Brenner. Es wird nicht nöthig sein, zu bemerken, dass erst **unmittelbar** vor dem Trommelfell derselbe **zum** Glühen gebracht wird.

Die **eigentlichen Ohrpolypen** oder die vom Mittelohr ausgehenden **und** durch eine Lücke des Trommelfells ins äussere Ohr hineinragenden Neubildungen sind von der bekannten birnförmigen Form **und** verschiedener Härte.   „Ohrpolypen."

Wie früher bemerkt, **wird die galvanocaustische Schlinge nur bei sehr harten Neubildungen verwendet.**

Auch ist sie nur bei jenen Polypen möglich, **die nicht** breitgestielt vom Promontorium ausgehen, sondern von irgend einer andern Stelle der Paukenhöhle, oder mit andern Worten bei **denjenigen**, welche keine Degeneration der Schleimhaut jener **Wand der Pauke** darstellen.

Der Brenner dagegen muss als **knopfförmiger** stets angewendet werden, um den Stiel der Polypen zu cauterisiren, was mit keinem andern Aetzmittel so vortheilhaft ausgeführt werden kann. Die Einwirkung selbst ist nicht übertrieben schmerzhaft und wird **von den Kranken** selbst andern Aetzmitteln **vorgezogen.**

Lineäre Galvanocaustik.

Weit öfter wird die Galvanocaustik geübt als lineäre oder punktförmige; der Brenner hat eine mehr oder weniger feine Knopfform. Sie hat in allen Fällen einzutreten, wo die Schlinge nicht angewendet werden kann, also da, wo der Polyp mit einer sehr breiten Basis aufsitzt, oder wo andere Gebilde der Paukenhöhle in die polypöse Degeneration hineingezogen sind, sowie in allen Fällen, wo andere Behandlungen der Polypen sich als fruchtlos erwiesen haben.

Das Gleiche gilt von andern **Neubildungen der Paukenhöhle.** Stets ist ein möglichst weiter Trichter einzuführen, sowohl zum Schutz als zur Erzielung einer guten Beleuchtung. Ich habe gewöhnlich diese Methode angewendet und mich stets dabei gut befunden, da sie zwar langwieriger, aber meist sicher zum Ziele führend ist. Ich freue mich, hierin mit Voltolini einer Ansicht zu sein. Bei nicht sehr ausgebreiteter Entartung der Schleimhaut des Promontoriums genügen wenige Sitzungen zur Zerstörung der Geschwülste. Selbst wenn aber häufigere Cauterisationen nöthig sind, ist ein allmäliges Zusammenschrumpfen ersichtlich und nach meinen bisherigen Erfahrungen ist es die einzige Behandlungsweise, welche, wenn auch umständlich, jene im Gefolge veralteter und vernachlässigter Otorrhöen auftretende Entartung der Paukenhöhlenschleimhaut zur Heilung resp. Schrumpfung bringt. Ist auch das schliessliche Resultat anscheinend kein grosses, indem man die Gehörweite des Kranken gar nicht oder nur sehr wenig zu bessern vermag, so schlage man es nicht zu gering an, dass man zum Mindesten jene Patienten, welche bei den verschiedensten Aerzten Hilfe für ihr unheilbares Leiden gesucht, vor dem verderblichen Weitergreifen des Eiters auf die benachbarten Theile des Ohrs, z. B. die Gehirnhäute und das Gehirn selbst schützen kann. Hiebei habe ich bis jetzt in 4 Fällen eine Wahrnehmung gemacht, nach welcher ich in der Literatur vergeblich gesucht habe, dass sich entweder die häufig geätzte und verkleinerte Geschwulst an ihrer Oberfläche mit einer nicht mehr sezernirenden verhältniss-

mässig dicken Membran überzieht, dass somit daraus eine
veränderte, stationär bleibende, keinen Eiter mehr absondernde
Geschwulst geworden ist; oder was noch interessanter ist, dass
die degenerirte Schleimhaut durch die Aetzung in der eben
geschilderten Weise verändert wurde, dass aber vor derselben
ein Narbengewebe, ein vollständig neues Trommelfell, dessen
Beschaffenheit allerdings von dem gesunden Trommelfell in
Betreff der Durchsichtigkeit und Dünnheit abweicht, gebildet
wurde.

Es möge ein Fall statt mehrerer zur Erläuterung des
oben Gesagten dienen.

A. B., 21 Jahre alt, sehr serophulös, seit 15 Jahren mit
Ohrenfluss behaftet, besonders auf dem rechten Ohr, welcher
nach einer otiatrischen Autorität wahrscheinlich von einer
carcinomatösen Degeneration der Paukenhöhlenschleimhaut her-
rühren sollte, suchte meine Hilfe nach, welche ich ihm, ohne
die Schwierigkeit und mögliche Erfolglosigkeit zu verschweigen,
versprach. Die Inspection ergab: Fehlen des Trommelfells,
eine harte, höckrige, aus 3 Theilen bestehende blasse Geschwulst,
augenscheinlich vom Promontorium ausgehend, die sich schwer
mit der Sonde umgehen lässt und ziemlich reichlich absondert.
Hörweite für die Uhr $1/4$ ", Knochenleitung geschwächt. Nach
Besserung des begleitenden eitrigen Ohreatarrhs wurde der
olivenförmige[1]) Galvanocauter in 12 Sitzungen angewendet,
was den Erfolg hatte, dass von der höckrigen Geschwulst am
Promontorium nur eine unscheinbare Erhöhung über das
Niveau der Schleimhaut zurückblieb, welche durch Einblasen
von adstringirenden Pulvern vollends zum Schrumpfen gebracht
wurde. Nun war ich, nachdem der Patient mir viele Wochen
nicht mehr zu Gesicht kam, erstaunt, als er sich wieder vor-
stellte, statt der gerötheten Schleimhaut der offen daliegenden
Paukenhöhle eine resistente, weissliche Membran mit der Sonde
zu berühren, welche durchaus nicht mehr absondert und sich

---

[1]) Modification des knopfförmigen, den ich damals anwendete.

als regenerirtes Trommelfell erweist. Das Gleiche gilt vom linken Ohr, wo die Geschwulst aber viel kleiner war und das Trommelfell, welches nur theilweise zerstört war, wieder vollständig vernarbte. Seit dieser Zeit sind viele Jahre verflossen; der Kranke hat nie mehr Eiterausflüsse gehabt und das Trommelfellbild hat sich in keiner Weise verändert.

Bei Granulationen im Gefolge von Caries des Promontoriums sah ich wenig Erfolg und habe desshalb seit einigen Jahren gänzlich von der Galvanocaustik abstrahirt.

3) Die Nase und ihre Adnexa.

Nase. Wiewohl schon Middeldorpf[1]) Nasenpolypen mit der glühenden Schlinge operirte, so waren es doch hauptsächlich nur solche festere, schmal aufsitzende Polypen, welche in die Nasenöffnung oder vor dieselbe hinausragten. Die alte Methode, das Ausreissen der Polypen mittelst einer Zange, nebst einer mehr oder weniger grossen Partie Nasenschleimhaut, diese Schmach der Chirurgie, ist nunmehr dem schnellen, sicheren, mit weniger Blutverlust verbundenen Verfahren gewichen, und zwar findet es nicht bloss auf den vordersten Theil der Nase Anwendung, sondern im ganzen Bereich derselben bis zum Cavum pharyngonasale, ja bis zum Ostium *Nasentrichter.* tubae. Dank den Nasenrachentrichtern, die Zaufal hergestellt hat: 9—11·5 Ctm. lange, 4—8 Ctm. Lumen besitzende Metall- (Neusilber) oder Hartgummiröhren, welche durch den untern oder mittlern Nasengang bis ins Cavum pharyngonasale vorgeschoben werden, ist man im Stande, sämmtliche Theile dieser Höhle mittelst Hohlspiegelbeleuchtung sichtbar und therapeutischen Eingriffen zugänglich zu machen.

Der Vortheil dieses, die frühere Untersuchungsmethode ergänzenden Verfahrens (wo dasselbe überhaupt ausführbar

---

[1]) Middeldorpf a. a. O. S. 138.

wegen der mehr oder weniger grossen Enge des Nasengangs) liegt auf der Hand [1]).

Erstens sind wir in der Lage, hinter den weichen Gaumen eingeführte Instrumente von der Nase aus, also bequemer zu controliren, als auf dem bisherigen Wege der Rhinoscopie oder Pharyngoscopie.

Zweitens können wir direkt unter unsern Augen die Instrumente an den kranken Theil bringen.

Drittens ist durch den Mantel des Trichters die Nasenhöhle und der weiche Gaumen vor jeder unbeabsichtigten Verbrennung geschützt.

Zur Behandlung geben ausser Knötchen von Neubildungen Veranlassung im vordersten Theil der Nase: torpide Geschwüre, häufig im Verlauf von Ozaena scrophulosorum und Hypertrophieen der Schleimhaut des Nasenganges, sowie ganz besonders der Muscheln, die oft einen ganz colossalen Grad erreichen, so dass sie die Einführung der Trichter sehr erschweren und Polypen vortäuschen. Hiezu werden die knopf- oder olivenförmigen, sowie die flachen, breiten Brenner verwendet. Wir kommen häufig erst in vielen Sitzungen (flaches Hin- und Herstreichen) zum Ziele, so dass es gelingt, den Trichter bis zur Choane durchzuführen. Ich habe die Hypertrophie sogar sich auf die ganze untere und Theile der mittleren Muschel erstrecken sehen, so dass fast vollständige Impermeabilität der Nase resultirte und Respirationsbeschwerden

---

[1]) Ich habe diese Methode bei Zaufal selbst im Jahr 1875 geübt, wende sie seitdem ausschliesslich an und kann nur bestätigen, wie glänzend sich dieselbe bewährt. Nebenbei bemerkt kann man auch die Betheiligung der Nasenrachengebilde, besonders das Ostium tubae im physiologischen Akt des Sprechens auf eine ganz überraschende Weise erblicken. Nach vorheriger Ausspritzung der Nase bestimmt man sich durch Einführen eines Ohrtrichters die Nummer des einzuführenden Nasentrichters, erwärmt denselben und führt ihn unter rotirenden Bewegungen ein. Nähere Details s. Prager medicin. Wochenschrift 1876 No. 3 und 1877 No. 1—3.

entstanden. Hier wird die Geduld des Kranken wie des Arztes gleich sehr auf die Probe gesetzt.

Kleine adenoide Vegetationen und Polypen können leicht im Trichter selbst zerbrannt werden.

Michel[1]) hat mit dem Brenner Blutungen in der Nase gestillt, die von einem kleinen Gefäss an der Nasenscheidewand herrührten. Wenn schon zugegeben werden muss, dass auch andere Caustica das Gleiche leisten können, so ist es doch für den Kranken die angenehmste Methode, da kein Zerfliessen auf die gesunde Schleimhaut und dementsprechend Verfärbung und Aetzung stattfindet. Hiezu wie zu allen Operationen im vordern Theil der Nase sind die Zaufal'schen Nasentrichter nicht verwendbar, sondern man muss sich eines Nasenspeculums bedienen.

Es sind hiezu alle Specula brauchbar. Ich selbst benütze gegenwärtig den Duplay'schen oder Charrière'schen Spiegel (jetzt von Zaufal modificirt), häufig genügte mir auch ein weiter Ohrtrichter. Der Zaufal'sche Nasenspatel lässt besonders die Nasenscheidewand und den Boden der Nasenhöhle in ihren hinteren Partieen hervortreten, versperrt aber ziemlich viel Platz, er eignet sich daher hauptsächlich bei grosser Schwellung der Schleimhaut der Muscheln[2]). Zaufal selbst verwendet gegenwärtig bei grösseren Geschwülsten, die vom mittleren oder hinteren Theil der Nase hereinragen, häufiger die kalte Drahtschlinge[3]), während er die galvanocaustische Schlinge für die grösseren, derben, fibrösen Polypen reservirt, sowie für die Hypertrophie der vordern und hintern Enden der

Nasenspatel.

---

[1]) Michel, die Krankheiten der Nasenhöhle und des Nasenrachenraums. Berlin 1876 S. 71.

[2]) Nasenspeculum und Nasenspatel sind beide von Mang in Prag zu beziehen, ersterer um den Preis von 8 fl., letzterer um 5 fl. ö. W.

[3]) Zaufal, über die allgemeine Verwendbarkeit der kalten Drahtschlinge zur Operation der Nasenpolypen. Prager med. Wochenschrift 1877 1—3. S. 13 u. ff.

Schleimhaut der Nasenmuschel. Der Brenner dient in diesem Fall nur zur Zerstörung des Restes der Neubildung.

Die Diagnose der Nasenpolypen unterliegt keinerlei Schwierigkeit, wenn man eine Hypertrophie der Schleimhaut der Muscheln, die, wie wir vorhin sahen, häufig Polypen vortäuscht, ausschliessen kann. Meist sind sie vereinzelt, kommen in beiden Nasenhöhlen zugleich vor und entspringen gewöhnlich von der mittlern Muschel. Die Folge ist Hinüberdrängen der Nasenscheidewand nach der entgegengesetzten Seite, Compression der Muscheln und Erweiterung der Nasengänge. Der Stiel der Polypen ist manchmal so dünn, dass er beim Schneuzen oder Ausspritzen abreisst und herausgeschleudert wird.

Die Grösse der Polypen variirt ungeheuer, die grössten sitzen vorn und nach hinten gegen die Choane.

Vor der Operation muss übrigens mit Hilfe der Sonde über die Grösse, Consistenz[1]), Beweglichkeit und Ursprung der Geschwulst Gewissheit erlangt werden.

Die Anlegung der Schlinge selbst ist häufig nichts weniger als leicht, und ich möchte einige Rathschläge Zaufal's, die auch für die Galvanocaustik gelten, hier einschalten, welche die praktische Anwendung derselben erleichtern. Uebung macht natürlich auch hier den Meister.

Zunächst formire man keine allzugrosse Schlinge und lasse den Patienten beim Einführen derselben eine starke Exspiration machen, dann drängt sich manchmal der Polyp in die Schlinge und kann ganz solid gefasst werden. Auch ich bin der Ansicht Zaufal's, nicht mehrere Polypen in eine Schlinge zu fassen, wie Voltolini rieth, weil dadurch zu leicht Nebenverletzungen entstehen. Bei starken Schwellungen der Schleimhaut nach Entfernung eines oder mehrerer Polypen sollen dicke, längliche Wattetampone in die Nasengänge eingeführt und circa 10 Minuten dort liegen gelassen werden, damit sie durch ihre comprimirende Wirkung das frühere Lumen der Nasen-

---

[1]) Die meisten Polypen sind erfahrungsgemäss Schleimpolypen.

gänge wieder herstellen. Bei jahrelang bestehenden Polypen pflegt der vorderste, in die Nasenöffnung hereinragende sehr zähe zu sein, je weiter nach rückwärts gelegen, um so zarter und leichter schneidbar sind die Polypen, weil sie die jüngsten darstellen. Immer ist der Stiel und der Boden der Polypen längere Zeit, oft viele Wochen lang mit dem knopf- oder olivenförmigen Brenner zu cauterisiren.

4) Nasenrachenraum.

Nasenrachenraum.

Wie wir eben gesehen, kann man diese Parthie entweder von vorn durch die Nase oder vom Munde aus erreichen. Handelt es sich um Hypertrophie der Rachentonsille, so schiebt Zaufal den Nasentrichter bis zu einer bestimmten Stelle der Tonsille vor, bohrt den Galvanocauter hinein, entfernt den Rauch durch Hineinblasen mit dem Munde, sodann drückt er den Trichter an eine zweite und dritte Stelle an und wiederholt das Einbohren des olivenförmigen Galvanocauters, bis auf diese Weise die Tonsille nach und nach zum Schrumpfen gebracht ist.

Anschliessend hieran ist die Abschnürung von Retropharyngealtumoren mittelst der Galvanocaustik; dieselben sind entweder Polypen oder Fibrome.

Die Schlinge vom untern Rachenraum um den Tumor herumzulegen, ist auch mit Zuhilfenahme des Rachenspiegels eine ungemein schwierige und zeitraubende Operation, die häufig genug, bei Kindern z. B. gar nicht gelingt, da die Schlinge beim Zuschnüren abgleitet.

Der Nasenrachentrichter ermöglicht, die Lage der Schlinge zu inspiziren, eventuell zu verbessern. Gelingt diess aber auch so nicht, so bleibt nichts übrig als der Versuch, von der Nase aus mit dem Brenner zu cauterisiren.

Wie schwierig diese Operationen sind, mag daraus hervorgehen, wenn ein Operateur wie v. Bruns sie zu den schwierigsten im ganzen Gebiete der Chirurgie zählt.

Die ersten glücklichen Operationen derart hat Middeldorpf — nahezu ohne Blutung — gemacht. Instrumente hiezu: die Schneideschlinge mit nach aufwärts gerichteter Concavität und der knopfförmige Brenner mit entsprechender Biegung, die man beliebig nach Bedarf ändern kann.

Unter den häufigsten Anomalien des Nasenrachenraums rangiren die Hypertrophieen der Schleimhaut und des Drüsengewebes, die „adenoiden Vegetationen" oder Pharyngitis granulosa, Knötchen, die theilweise geschwellte Follikel und Drüsen, theilweise eigentliche Neubildungen darstellen, zapfenförmige Auswüchse, namentlich an der obern Wand des Pharynx, die unter Umständen die tuba Eustachii verlegen oder sogar comprimiren, so dass dieselbe gar nicht mehr zu erblicken ist. Manchmal wuchern sie so, dass sie das ganze Cavum ausfüllen und man am Näseln schon den Sitz der Krankheit erkennt. Natürlich ist damit auch die Hörfähigkeit beeinträchtigt, welche nur nach gründlicher Beseitigung derselben wiederkehren kann (vgl. Meyer, adenoide Vegetationen, Archiv für Ohrenheilkunde, Band VII S. 241 u. ff.; Bd. VIII S. 129 ff.). *Adenoide Vegetationen.*

Die Behandlung derselben geschah zuerst mit Höllenstein in Substanz oder noch besser als Pulver in verschiedener Concentration, das von der Nase sowie vom Mund aus zu appliciren ist. Seit einigen Jahren aber wird die Galvanocaustik, die hiezu Michel empfiehlt, ebenso häufig angewendet, und zwar der flache Brenner, dem man eine entsprechende Biegung (Concavität nach oben, Convexität nach unten) gegeben hat. Dieselben müssen lange Zeit hindurch alle paar Tage energisch cauterisirt werden, der flache kurze Brenner für einzelne Knötchen, der flache längere bei den Knötchenhaufen. Voltolini nimmt die Schlinge [1] und drückt dieselbe, nachdem sie von der Nase ins Cavum pharyngonasale geführt,

---

[1] Voltolini S. 219.

gegen die obere Rachenwand. Ich selbst ziehe den Brenner als sicherer vor und ätze oft durch die Nasenrachentrichter, meist ohne den Rachenspiegel zu benützen.

Voltolini [1]) beschreibt hiezu eine Batterie von Pischel in Breslau (2elementige Zink-Platina-Batterie). Dieselbe sei klein, leicht transportabel und bedarf weniger Säure, so dass sie zur Füllung nicht mehr Umstände erfordere, als ein Inductionsapparat, denn der äussere Glascylinder hat nur 3 Zoll, die Thonzelle 2 Zoll im Durchmesser (7 Zoll Höhe), dabei sei die Batterie von gleicher Stärke als die frühere Zinkkohlen-Batterie. Man muss aber zu dieser kleinen Batterie jedesmal frische Säuren benützen, wenn man gute Effekte erzielen will und die Gefässe möglichst voll mit Säure füllen. „Ein ein„ziges Element der Zink-Eisen-Batterie von v. Bruns wird „wohl 12 Pfund oder mehr wiegen, so dass man stets mit „grösster Vorsicht den schweren Eisenstern handhaben muss, „wenn man nicht die Thonzelle zertrümmern will, während „der Platinastern dieser Batterie nur einige Loth wiegt. Die „ganze 2elementige Zink-Platina-Batterie sammt elegantem „Mahagonikasten kostet 25 Thaler."

Neuerdings demonstrirte Voltolini in der Breslauer medicinischen Section eine neue galvanocaustische Tauchbatterie. — Dieselbe besteht aus neun Elementen (wahrscheinlich Zinkkohlenelemente; aus dem Referat von Freund über die Sitzung ist wenigstens nicht zu entnehmen, aus welchem Material die Elemente bestehen), und soll eine ausserordentliche Glühwirkung äussern. Die Elemente befinden sich in einem Kasten von $3/4$ Fuss Höhe und $1/2$ Fuss Breite; wird der Deckel des Kastens geöffnet, so tritt die Batterie sofort in Wirksamkeit, wird der Deckel zugemacht, ist die Batterie ausser Thätigkeit, je nachdem man den Deckel viel oder wenig öffnet, wirkt die Batterie stärker oder schwächer. Die Füllung der Batterie besteht aus 1 Th. doppelt chromsaurem Kali, 1 Th.

---

[1]) Monatsschrift für Ohrenheilkunde No. 4. 1874.

concentrirter Schwefelsäure und 10 Th. Wasser. Bei Auseinandernahme der Batterie hebt man die Elemente aus dem Kasten und stellt sie in ein Waschbecken mit Wasser, worin man sie etwa 24 Stunden auswässern und dann trocknen lässt.

Jedenfalls lässt sich bis jetzt ein endgültiges Urtheil über die Constanz dieser Batterie nicht abgeben; dass dieselbe ihre Schattenseiten hat, geht aus dem Bekenntniss Voltolini's hervor, dass, „während alle Instrumente aufs trefflichste glühen, diess mit dem Porcellanbrenner von Middeldorpf nicht der Fall ist", und aus der weitern Thatsache, dass die Elemente sofort nach dem Gebrauch mit Wasser abgespült werden müssen.

Justi benützt zur **Entfernung** der adenoiden Vegetationen den scharfen Löffel.

Ausser den angeführten Anomalieen gibt es noch bösartige Geschwülste, die von der hintern, untern Wand des Schlundkopfs ausgehen. Sowohl Voltolini als v. Bruns erwähnt derselben (Epithelialcarcinom, Sarcome). Man wird jedoch gut thun, betreffs der Prognose der Leistungsfähigkeit der Galvanocaustik in solchen Fällen nicht optimistisch zu sein.

Den Uebergang zur

5) Mundhöhle

machen die **Hypertrophieen der Tonsillen**.

Auch hier feiert die Galvanocaustik Triumphe. Middeldorpf hielt die Schlinge nur dann für geeignet, wenn die stark prominirenden Tonsillen einen Hals zeigen. Dann, meint er, sei keine Blutung zu befürchten. Für gewöhnlich kann man letzteres zwar nicht behaupten. Der Frau eines mir sehr befreundeten Collegen verkürzte vor Jahren ein renommirter Operateur mit der Schneideschlinge ihre Tonsillen; sie bekam eine kaum mehr stillbare Blutung, so dass sie nach kurzer Zeit an den Folgen von Anämie zu Grunde ging. Diese und ähnliche minder schlimme Erfahrungen wirkten nicht sehr verlockend für die Schlinge auf mich ein und diess

Tonsillen.

um so weniger, als mir bei dem schönen Contingent Tonsillen, die ich jedes Jahr mit Hilfe des Matthieu'schen und Jetter'schen Tonsillotoms verkleinere, noch keine Unannehmlichkeit begegnet war.

Doch legte mir die Scheu der Kinder vor dem Tonsillotom und der Widerwille vor dem Chloroformiren bei einer so geringfügigen Operation schon vor 6 Jahren den Gedanken nahe, die hypertrophischen Mandeln mittelst der Galvanocauteren zu behandeln, und zwar bei geringeren Graden entweder einfach durch lineäre Aetzung an der Peripherie mit den breiten Brennern oder durch Einschneiden ins Parenchym der Tonsillen nach verschiedenen Richtungen mit den messerförmigen Brennern, um ein schrumpfendes Narbengewebe zu erzielen, welches Recidive unmöglich macht und wodurch eine sichere Verkleinerung der Mandel erzielt wird[1]). Bis heute habe ich circa 85 Fälle, die kein Recidiv aufweisen, zu verzeichnen, welche nach dieser Methode behandelt wurden.

Die Brenner sind glatte, breite, langschnabelige. Die Art und Weise der Anwendung ist so einfach, dass sie wohl keiner nähern Beschreibung bedarf. Zwischen den einzelnen Aetzungen muss immerhin einige Tage pausirt werden, bis der Aetzschorf abgestossen ist. Vergangenen Winter gehörten diphtheritische Belage auf denselben nicht zu den Seltenheiten. Voltolini will die Mandeln mit einem spitzen Galvanocauter zerstechen. Ich selbst hatte keine Veranlassung, diese „Methode" zu üben.

Dass bei bösartigen Neubildungen der Tonsillen, Sarcomen und dgl. von einer Radicalheilung mittelst der Galvanocaustik nicht die Rede sein kann, glaube ich kaum besonders erwähnen zu müssen.

Schleimhaut der Mundhöhle. In der übrigen Mundhöhle ist hauptsächlich die Schleimhaut Gegenstand der Cauterisation, entweder in Form von

---

[1]) Hedinger: Mittheilungen aus der Ohrenpraxis. Medic. Corr.-Blatt aus Württemberg. 1877 No. 7 S. 51.

Geschwüren oder von Neubildungen. Dieselbe wird ganz in der bisher beschriebenen Weise vorgenommen und es ist in manchen Fällen zweckmässig, einen Mundsperrer zu Hilfe zu nehmen und eventuell die Zunge nach vorn zu ziehen. Middeldorpf resecirte eine hypertrophische Papille der Zunge mittelst der Schneideschlinge ohne Blutung.

Am schwierigsten ist die Aetzung der **Wangenschleimhaut**, welche soweit als möglich nach aussen umgestülpt werden muss.

An der Unterlippe können gestielte **Warzen** mit der Schlinge entfernt werden.

Bei einem geschwürigen **Epithelialcarcinom** cauterisirte v. Bruns so, dass er zuerst eine Furche um dasselbe in der gesunden Schleimhaut mit dem spatelförmigen Brenner bildete und von hier aus unter das kranke Gewebe ging.

Bei der **Epulis** ätzte Middeldorpf den kranken Knochen, die Alveole und das wuchernde Zahnfleisch und erzielte damit Heilung.

An den **Zähnen** wird in mehrfacher Weise gegenwärtig mit dem Brenner manipulirt, namentlich im Innern derselben bei Caries. — Bei heftigem Zahnschmerz, hervorgebracht durch Einwirkung kalter Luft oder kalter Flüssigkeiten auf den blossgelegten Nerv, scheint mir die Galvanocaustik das geeignetste Mittel zu sein, um denselben zu zerstören, jedenfalls viel geeigneter als Creosot, Chloroform und andere noch weniger passende Mittel, die den Zahnnerven nicht zerstören, sondern nur eine Zeitlang änasthesiren, und es dürfte den Zahnärzten empfohlen werden, mehr als bisher sich mit der Galvanocaustik vertraut zu machen. Die Brenner müssen hiezu bogen- oder winkelförmig gekrümmt sein.

Das Gleiche gilt bei hartnäckigen Blutungen nach extrahirten Zähnen aus einer Alveole. Vorher aber muss dieselbe vom Blut gereinigt werden, da sonst die Hitze der Brenner nicht gross genug ist, um durch die blutige Flüssigkeit hindurch das Gefässchen zu zerstören.

6) Die Harnröhre

ist kein geeigneter Platz für die Galvanoeaustik. Zwar kommen am Orificium Papillome und ähnliche Excrescenzen vor, ähnlich denen anderer Schleimhäute, die sich leicht durch Cauterisation entfernen lassen. Andere Krankheitszustände aber auf diese Weise zu behandeln, ist keineswegs räthlich. Wer a priori nicht dieser Ansicht ist, den wird die Lectüre der Middeldorpf'schen Cauterisation der Stricturen sicher bekehren[1]), der selbst dieses Verfahren nicht sehr anpreisen möchte. So viel ist sicher, dass die Indicationen der modernen Galvanoeaustik nicht mehr erlauben, im Dunkeln zu operiren.

Ueber die von Bottini[2]) empfohlene Galvanocaustik der hypertrophischen Prostata liegen noch zu wenig Erfahrungen vor, als dass sich jetzt schon ein endgültiges Urtheil abgeben liesse.

7) Die Scheide.

Vagina. Am Eingang derselben eignen sich papilläre Excrescenzen, Polypen, Condylome wie an der Harnröhre, sowie torpide Geschwüre für die Behandlung, ebenso Vorfall der vordern Scheidenwand, wenn er nicht zu gross ist (Middeldorpf); am Ende derselben, ausser der Cauterisation mit dem Porcellanbrenner bei Geschwüren des Orificium uteri und der Entfernung der Portio vaginalis mit der Glühschlinge sind Neubildungen verschiedener Art, Blasenscheidenfisteln, Mastdarmscheidenfisteln Gegenstand galvanocaustischer Behandlung, bei beiden letzteren jedoch nach v. Bruns nur als ganz flache, oberflächliche Cauterisation mit knopfförmigem oder Porcellan-

---

[1]) Middeldorpf S. 100.
[2]) Bottini, Cav. Enrico: La Galvanocaustica nella practica chirurgia. Milano 1876 S. 306 u. Archiv f. klin. Chir. Berlin 1877, Bd. XXI, Heft I S. 1.

brenner, weil sonst bei energischer Aetzung die Oeffnung noch grösser würde.

8) Der Mastdarm.

Es versteht sich wohl von selbst, dass in den Kanal dieses Organs, wie des vorigen, vor der Cauterisation ein passender Trichter eingeführt werden muss. *Rectum.*

Ausser den gewöhnlichen Wucherungen sind es Papillome, Hämorrhoidalknoten von nicht zu grossem Umfange. Neubildungen von grossem Umfange (Sarcome und Epitheliome) werden wohl kaum in den Bereich der Galvanocaustik gehören. Middeldorpf erwähnt ferner noch den Vorfall des Mastdarmes, den namentlich Franzosen durch Ausbrennen ganzer Streifen von Schleimhaut mit Glück behandelten, oder wie v. Bruns beschreibt, durch radiäres Brennen mittelst der Schmalseite des spatelförmigen Brenners auf der Höhe der Schleimhautfalten. Auch Mastdarmpolypen können mit der Schlinge entfernt werden.

Anhang.

Die Brenner werden manchmal noch anderweitig verwendet, als an den bis jetzt beschriebenen Localitäten, wesshalb hier kurz davon die Rede sein soll. *Galvanoc. Messer.*

Es galt einige Zeit lang fast als Dogma, dass die Anwendung des Galvanocauters vor Blutung schütze, und man träumte schon von einem Ersatz des Messers. Dass dem nicht so ist, wissen wir jetzt gewiss. Nicht einmal das weissglühende Platin kann an gefässreichen Stellen ohne Blutung arbeiten, ausser bei sehr langsamen, viel Zeit erfordernden Manipulationen. Ausserdem kann nie so scharf getrennt werden wie mit dem Messer, es ist desshalb, wenn auch die grosse Heiltendenz der galvanocaustisch behandelten Schnittfläche nicht geleugnet werden kann, eine Heilung per primam nicht möglich. Aus diesem Grunde kann dem galvanocaustischen Messer wohl kaum mehr der Vorzug vor dem gewöhnlichen Messer gegeben werden.

Verwendet wurde dasselbe in folgenden Fällen:
1) zur Spaltung von Abscessen,
2) bei gewissen Balggeschwülsten, besonders beim Cystenkropf (v. Bruns),
3) bei der Tracheotomie. Hier ist diese Methode selbst von den Autoren, die sie früher geübt, gänzlich verlassen, da sie erfahrungsgemäss mit mehr Blutung verbunden war, als die sonst die „blutige" genannte; höchstens wird nach Blosslegung der Luftröhre diese selbst mit dem messerförmigen Cauter eröffnet.
4) Bei Amputation von Gliedmassen. Nach den vorliegenden Erfahrungen wird dieselbe nicht mehr auf galvanocaustischem Wege zu vollziehen sein.

Ignipunctur. In ähnlicher Weise wurde seit Sedillot namentlich in Frankreich der Brenner zur Ignipunctur verwendet, d. h. zum Einstechen des spitzen Cauters in cavernöse Geschwülste und dgl., wodurch man eine entzündliche Reizung in den nicht getroffenen Theilen der Geschwulst hervorrufen wollte. v. Bruns unterscheidet
1) cutane, und
2) subcutane Angiome.

Cutane Angiome. 1) Bei den cutanen Angiomen, wobei die Cutis mehr oder weniger in die cavernöse Geschwulst hereingezogen ist, wird der spitze Brenner 6—20mal je nach der Tiefe der Geschwulst in dieselbe hineingesenkt. Man lässt zwischen den Einstichstellen Abstände, damit zwischen denselben noch eine hinreichende Menge nicht zerstörten Gewebes zurückbleibt, in welchem die Neubildung von Zellgewebe vor sich gehen kann. Immer ist es zweckmässig, die cavernöse Geschwulst während und eine Zeit nach der Operation zu comprimiren, um sie blutleer zu erhalten. Von Thiersch wurde zu diesem Zweck eine besonders construirte Zange angegeben, an deren Ende eine Platte sich befindet, die vielfach mit Löchern durchbohrt ist.

2) Die subcutanen Angiome, wobei hauptsächlich das Zellgewebe zur Bildung der Gefässgeschwulst hereingezogen wurde, z. B. an der Wange. Vgl. hierüber die Beschreibungen von Middeldorpf S. 109 ff. Letzterer hat durch die Basis der Geschwulst eine oder mehrere Platinnadeln so durchgeführt, dass sie sich nicht berühren. Die Nadeln sind 6 bis 12 Ctm. lang und ½ Mm. dick. Man kann hiezu auch eine Hautfalte bilden. Nachdem die Nadeln richtig eingeführt sind, so setzt man Drahtklemmen in die Leitungen ein und schliesst eine Nadel. Nunmehr erglühen die Drähte innerhalb der Geschwulst ½ Minute lang; es treten Blasen zu den Oeffnungen heraus und so muss man nach und nach bei allen Drähten die gleiche Procedur wiederholen. Nach einiger Zeit ist die Geschwulst meist hart und mit Strängen durchzogen, die Haut an den Stichöffnungen schwach gelblichweiss. Beim Herausziehen unter rotirenden Bewegungen entsteht sehr selten eine Blutung. Geht das Zurückziehen nicht auf einmal, so lässt man die Nadel nochmals erglühen, bis sie lockerer wird durch den sich in ihrer Umgebung bildenden Schorf. Das ganze Verfahren muss wiederholt werden, wenn man seinen Zweck nicht aufs erstemal erreicht hat.

Eine ähnliche Umbildung der Gewebe soll nach Julliard diese Behandlung bei

chronisch-fungösen Gelenkentzündungen

haben. Da aber hiebei die Knochen in den meisten Fällen cariös erkrankt sind, so wird man nicht zu viel erwarten dürfen. — Ebenso wurden

die Pseudarthrosen

nach Knochenbrüchen zum Gegenstand der Behandlung gemacht. v. Bruns hat dieselben in 2 Fällen ohne, in 2 anderen mit günstigem Erfolge angewandt. Ebensolche Erfolge sollen bei

Cystengeschwülsten der Sehnenscheiden an der Hand und den Fingern durch Verwachsung der Sehnenscheidenwandung von Franzosen erzielt worden sein, sowie bei

Lymphdrüsenanschwellungen.

In Deutschland hat, soviel ich weiss, nur v. Bruns die Behandlung derselben mit der Ignipunetur veröffentlicht, zwar ohne besondern Erfolg gehabt zu haben, da in seinen 2 Fällen sämmtliche Glühstiche in Eiterung übergingen. Ich selbst habe sie nie angewandt und würde die electrolytische Behandlung, welche mir in solchen Fällen gute Dienste geleistet hat, vorziehen.

Endlich erübrigt noch die Beschreibung der

Behandlung von Fisteln.

Fisteln. Middeldorpf bediente sich des Filum candens:
I. zum Ausbrennen des Kanals selbst mittelst
   a) Durchziehen durch die Oeffnungen oder mittelst
   b) des Kuppelbrenners oder Porcellanbrenners bei den Fisteln mit einer Oeffnung.
II. Zum Brennen der Umgebung allein oder dieser und der Oeffnung der Fisteln zur Verkleinerung und Heilung mittelst der Contraction der Narbe, Erregung guter Granulationen (Kuppelbrenner, Porcellanbrenner).
III. Zum Durchschneiden
   a) mit dem sägeförmig hin- und herbewegten Glühdraht, oder
   b) mit der Schneideschlinge oder
   c) mit dem Glühmesser.

Er empfiehlt selbst nur die zwei letzteren Methoden.

In dieser Weise hat er fast sämmtliche Fisteln behandelt, resp. zur Behandlung empfohlen, doch hat gegenwärtig das Verfahren eine ziemliche Einschränkung erhalten, und es wird wohl nur noch bei fistulösen Geschwüren, hauptsächlich bei der Mastdarmfistel angewendet.

Die Ausführung ergibt sich von selbst nach der vorausgegangenen Beschreibung des Glühdrahts und der Brenner. Diess führt uns zu

II. der Schneideschlinge.

Es liegt in der Natur des zu behandelnden Stoffes, dass wir schon im Vorhergehenden häufig die Schneideschlinge erwähnen mussten. Der Vollständigkeit halber haben wir aber Verschiedenes noch nachzutragen.

Die Schneideschlinge wird aus zweierlei Gründen seltener angewendet werden als die Brenner,
1) weil man mit derselben nie gründlich im kranken Gebiete aufräumen kann, weil man also noch eine Nachoperation mittelst der Brenner braucht,
2) weil die Handhabung eine schwierigere, complicirtere, und die Wirkung, fügen wir hinzu, eben desshalb unsicherere ist, z. B. wenn es vorkommt, dass ein Draht nicht ordentlich glüht oder gar schmilzt, was früher so häufig sich ereignete, jetzt allerdings nicht mehr vorkommen sollte; wie lange Zeit braucht es in manchen tief gelegenen Höhlen, bis der Draht sich an der richtigen Stelle befindet, wie oft muss derselbe wieder angelegt werden, wenn er nicht die richtige Lage hat!

Aus dem früher Gesagten geht hervor, dass die Indicationen der galvanocaustischen Schneideschlinge immer enger gezogen werden, dass man demnach jetzt in vielen Fällen, wo man früher die glühende Schlinge als alleinseligmachendes Mittel pries, jetzt wieder zur einfachen „kalten Drahtschlinge" zurückkehrt, so in manchen Krankheiten der Nase und des Rachens und des Ohres.

Trotzdem bleibt noch immer eine Anzahl von chirurgischen Krankheiten übrig, wo dieselbe nicht zu entbehren ist.

Wie wir bis jetzt verschiedene Male Gelegenheit hatten zu bemerken, ist die unblutige Trennung der Gewebe mittelst der Glühschlinge in den meisten Fällen eine Illusion. Will man das letztere erreichen, so muss man noch die Esmarch'sche Compression hinzufügen, welche übrigens in manchen Fällen unmöglich ist, z. B. wenn es sich um Entfernung von Neubildungen in Körperhöhlen handelt. Dass übrigens manchmal nicht unmittelbar nach der Operation, sondern noch lange Zeit nachher Blutung eintreten kann, habe ich bei der Operation einer sehr blutgefässreichen Neubildung im Ohre erlebt, wo erst 12 Stunden nachher eine erschöpfende Blutung eintrat.

Die Länge und Dicke des Drahts richtet sich nach dem abzutrennenden Körpertheil und der Localität, die Dicke wechselt von 0,4—0,7 Mm. Im Allgemeinen ist es besser, keinen zu dünnen Draht zu nehmen. Doch lässt sich diess nicht immer voraussagen und häufig erst im gegebenen Moment ändern. Hiebei ist dann eine Batterie mit einem Rheostaten von grossem Werth, der statt einen dünnern Draht im Verlauf der Operation einzufügen, den Strom mit einem Fingerdruck abschwächt.

Die Länge des Drahtes richtet sich nach dem Ansatz am Handgriff und der Grösse der Geschwulst.

Anwendung. Das Verfahren ist ein sehr einfaches bei Organen, die an der Oberfläche des Körpers sich befinden, und bedarf keiner Beschreibung, da es von den in jedem Lehrbuch der allgemeinen Chirurgie beschriebenen Gesetzen der Umlegung einer Ligatur nicht abweicht. Hieher gehört die theilweise Amputation der Zunge, der Tonsillen, die Amputation des Penis, der Clitoris, der Mamma. Ebenso einfach gestaltet sich die Sache, wenn das zu entfernende Organ sich scharf von der Umgebung abheben lässt oder die Neubildung kurz gestielt ist. Ist diess nicht der Fall, so passt die Galvanocaustik nicht. Bei umfangreichen Geschwülsten kann es nothwendig werden, dass man den Draht nicht als vorgebildete Schlinge benützt, sondern nur ein Ende desselben am Handgriff befestigt und das freie Drahtende um die Basis des abzutrennenden Theils herumführt und erst dann durch seine Leitungsröhre hindurchzieht und auf der andern Seite des Handgriffs befestigt. Der isolirten Anlegung beider Drahtenden, ehe dieselben mit dem dem Handgriff befestigt sind, möchte ich nicht das Wort reden, da dieses Verfahren nicht bloss zeitraubend ist, sondern die mannigfachsten Verschiebungen des Drahts zulässt. In den Höhlen des Körpers wird man wohl nur mit der schon gebildeten Drahtschlinge operiren, besonders in den kleineren, Nase, Rachenhöhle, Ohr, Kehlkopf, und es ist hier eben eine Uebungssache. Theoretische, detaillirte Beschreibungen lassen sich wohl geben, haben aber nur untergeordneten Werth. Hiebei sind die Regeln der allgemeinen Chirurgie neben der individuellen Geschicklichkeit massgebend.

Bei Fisteln, z. B. Mastdarmfisteln, kann es wohl nothwendig werden, dass man das eine Ende des Drahts durch den Kanal führt mit Hilfe einer Oehrsonde oder mit Troikart nach geöffnetem blinden Kanale.

Die galvanocaustische Amputation der Extremitäten

ist von v. Bruns geübt und dadurch die Möglichkeit der Technik bewiesen worden. Ich glaube aber nicht, dass das Verfahren viele Nachahmer finden wird und beschränke mich daher auf die einfache Anführung der Thatsache.

Ebensowenig werden die Operationen mit 2maliger oder gar 3maliger Anlegung von Glühschlingen nachgeahmt werden. Für den der sich dafür interessirt, führe ich die S. 412—415 von v. Bruns Werke an. Es kann hier umsomehr davon abgesehen werden, als dieser Operation stets andere blutige Eingriffe vorangeschickt werden müssen, wodurch sie nur noch in untergeordneter Weise ins Gebiet der Galvanocaustik gehört.

Schliesslich habe ich noch anzuführen, dass v. Bruns nicht bloss den Galvanocauter, sondern auch die glühende Schlinge zur Eröffnung grösserer Höhlen durch lineäre Spaltung ihrer vorderen Wandung mit der darüber liegenden Haut benützt hat, speziell bei Cystenkropf, er will dadurch Blutung vermieden haben. Auch hier verbindet er manchmal die Galvanocaustik mit der Anwendung des Messers.

Das Zurückziehen der Schlinge in Verbindung mit dem Schluss der Kette geht, je nach der Grösse des abzutrennenden Körpertheils, resp. der Dicke seiner Basis und des Glühdrahts der Batterie mehr weniger schnell vor sich und während dessen ist auf Verschiedenes zu achten.

Der Widerstand, der an dem am Ring ziehenden Finger gefühlt wird, ist der Massstab für den augenblicklichen Grad der Anspannung der Drahtschlinge. Ist diese etwa um die Hälfte kürzer geworden, so muss die Glühwirkung reducirt werden, d. h. man schwächt den Strom mit Hilfe des Rheostaten. Für gewöhnlich wird man diess zwar nicht nöthig haben, da das Zusammendrücken resp. das Eindringen der Schlinge in das mit Blut oder sonstiger Flüssigkeit getränkte Organ eine Abkühlung des Drahts von selbst bewirken wird. Die Correction ist desshalb nur bei sehr starker Glühwirkung der Batterie nöthig.

War die Neubildung oder der Körpertheil richtig gefasst, so bringt ihn auch die Schlinge heraus, und es wird wohl kaum vorkommen, dass derselbe in andere Höhlen hinabfällt, wie schon gefürchtet wurde, z. B. bei Rachenpolypen. Das Hinabfallen in die Speiseröhre hätte wohl ohnehin nichts Befremdliches, ob ein Fall von Hinabfallen in die Luftröhre beschrieben oder auch nur möglich ist, muss ich dahingestellt lassen; kleinere Polypen werden stets durch Exspirationsbewegungen wieder herausgeworfen werden und grössere finden ihren Weg nicht durch die Stimmritze.

In seltenen Fällen bringt man das abzutrennende Stück am Ende nicht ganz heraus, indem die kurze Drahtschlinge zu wenig glüht oder gar zu glühen aufhört. Diess kommt daher, weil die Abkühlung an den metallischen Leitungsröhren zu stark ist, wie früher bemerkt. Ebendesshalb wäre es correcter, sich schlechter Wärmeleiter hierzu zu bedienen. Man kann in diesem Fall einen stärkern Zug versuchen, um zum Ziel zu kommen, wie bei der kalten Drahtschlinge.

Etwaige Nachblutungen, sowie die Nachbehandlung der gesetzten Wunde sind nach den Regeln der allgemeinen Chirurgie zu behandeln.

Schlusswort.

Ich habe mich bemüht, so objektiv als möglich die Entwicklung der Galvanocaustik zu verfolgen und die Construction der verschiedenen Batterieen in historischer Entwicklung zu beschreiben. Dabei fällt mir nicht ein, mir für die Chromsäure-Batterie, welche ich in ihrer jetzigen Vollkommenheit zuerst beschrieben, irgend ein Verdienst zu vindiciren. Ich sage diess ausdrücklich, weil in der Gegenwart die unerfreuliche Thatsache „der Prioritätsstreitigkeiten" existirt, die schon so tief ins Mark der Wissenschaft sich eingefressen haben, dass eine Besserung im Augenblick kaum möglich scheint. Es mag für einen Mann der Wissenschaft, der Jahre anhaltendsten Strebens und Forschens an ein Problem gesetzt, wohl schmerzlich sein, sich von einem andern, vielleicht weniger tüchtigen um den Lohn seines Denkens durch mehr oder weniger ehrliche Aneignung und Veröffentlichung seiner Ideen gebracht zu wissen. So etwa können wir uns denken, dass ein Robert Mayer nicht angenehm berührt war von Joule, der das Recht der Priorität beanspruchen wollte in der epochemachenden Theorie des mechanischen Wärmeäquivalents, und doch gab er sich keine Mühe, das Gegentheil zu beweisen; er überliess es ruhig der Zeit, die Wahrheit an den Tag zu bringen, und sie hat es an den Tag gebracht.

Was soll es aber heissen, wenn Fachmänner, die vielleicht

gleichzeitig einen „guten Gedanken" bei Anwendung eines Arzneimittels, einer neuen Methode in der Chirurgie, Behandlung irgend einer Krankheit haben, die eine kleine Abänderung einer schon längst bestehenden Manipulation darstellt, sich auf das Bitterste, Persönlichste befehden und sich in ihrem Selbstbewusstsein, ihrem „wissenschaftlichen Werth" verletzt fühlen, weil ein Anderer auch ähnlich raisonnirte, den Gedanken aber nicht unbearbeitet, nicht als „vorläufige Mittheilung" in die Welt schickte.

Am allersonderbarsten aber stellt sich die Sache, wenn Aenderungen, unbedeutende Modificationen an Instrumenten, die auf längst bekannten Principien bestehen, als Leistungen ausposaunt werden, denen nur noch ein Patent fehlt, und wenn die betreffenden Autoren sich gleich a priori das Recht des Erfinders vindiciren! — Erfinder in technischen und mechanischen Dingen! — Es kann nur auf Selbsttäuschung oder Täuschung des wissenschaftlichen Publikums beruhen, wenn man demselben zumuthet, die Mehrzahl der Aerzte besitze so grosse physicalisch-mechanische Kenntnisse, dass sie im Stande seien, ein complicirtes Instrument, z. B. eine electrische Batterie, oder darauf bezügliche Instrumente fehlerlos zu construiren, so dass der Techniker, der wissenschaftlich gebildete Instrumentenmacher dem Autor gegenüber die Rolle spiele, wie der Copist dem Kabinetschef. Ich halte es geradezu für ein Unrecht, verdienten Mechanikern den ihnen gebührenden Antheil, der sich häufig viel höher stellt als der des Autors, vorzuenthalten.

Wir in der Jetztzeit haben ja überhaupt nicht das Recht, über Neuerungen vollgültig zu Rathe zu sitzen. Die Zukunft allein wird darüber entscheiden und den Haber von der Spreu sondern.

Von G. Baur in Stuttgart.

Preise der modificirten Bunsen'schen Chromsäure-Batterie.

No. 1. a) Bestehend aus 4 grossen Zinkkohlenelementen. Höhe der hohlen Kohlencylinder 36 Ctm. mit amalgamirten dicken Zinkplatten, einfacher Senk- und Hebevorrichtung, sammt Klemmen und Leitungsschnüren . . . . 80 Mark.

b) Derselbe mit vertikalem, fest angebrachtem Galvanometer und Stromregulator . . . . 120 »

(Genügt bei nicht zu häufigem Gebrauch.)

No. 2. Mit 6 Elementen, Senk- und Hebevorrichtung mit Kurbel und Welle, Galvanometer, Stromregulator, Stöpselumschalter, eichener polirter Tischplatte . . . . . 250 »

(Bei häufiger Benützung vorzuziehen.)

Kosten der Batteriefüllung pr. Element = 90 Pf.
Die 6 Glas- oder Asphaltgefässe enthalten 24 Liter Flüssigkeit.

Von G. Baur in Stuttgart.

Preise der Gramme'schen Maschine.

1) Grössere Sorte für Handbetrieb . . . . 400 Mark.

2) Für Maschinenbetrieb je nach Grösse . . . .
  - 450 »
  - 550 »
  - 750 »
  - 900 »

E. Albrecht in Tübingen.

Preise der galvanocaustischen Batterieen von E. Albrecht in Tübingen.

1) Zink-Eisen-Batterie.
Zwei kleine Elemente auf Tragbrett . . . . M. 45. —
Desgleichen in polirtem Kasten . . . . » 50. —
Zwei grosse Elemente auf Tragbrett . . . . » 60. —

Desgleichen in polirtem Kasten . . . . M. 70. —
Vier kleine Elemente in polirtem Kasten . . . . . » 90. —

2) Zink-Kohlen-Batterie.
Zwei kleine Elemente auf Tragbrett . . . . . . » 50. —
Dessgleichen in polirtem Kasten . . . . » 55. —
Vier kleine Elemente in polirtem Kasten . . . . . » 105. —

3) Zink-Platina-Batterie.
Je nach dem Marktpreis des Platins nach besonderer Uebereinkunft.

4) Zink-Kohlen-Chromsäure-Batterie.
Zwei Elemente auf polirtem Holzgestell . . . . . . » 75. —
Dessgleichen 4 Elemente . . . . » 125. —

5) Zink-Platinmoorblei-Batterie.
Vier Elemente auf polirtem Holzgestell . . . . . . » 135. —

6) Moderateur, zu allen Batterieen passend . . . » 17. 50

7) Drahtklammer
ohne Schliessvorrichtung . . . . » 5. —
mit Schliessvorrichtung . . . . » 10. —

8) Massstab zum Messen der Platindrähte.
Eintheilung in 0,01 Mm. . . . . » 10. —
Eintheilung in 0,1 Mm. . . . . » 6. 50

9) Leitungsschnüre bis zu 2 Meter à Stück . . . » 3. —

10) Instrumente.
Universalhandgriff . . . . » 26. —
Gerade Doppelleitungsröhre . . . . » 2. 50
Gewinkelte Doppelleitungsröhre . . . . » 2. 50
Gebogene Doppelleitungsröhre . . . . » 3. —
Doppelstab mit seitlichen Leitungsröhrchen. . . . . » 3. —
Zugbalken mit Schlittenvorrichtung . . . . » 4. —
Handgriff für die Galvanocauteren . . . » 18. —
Doppelleitungsstab zum Einstecken der beweglichen
  Brenntheile . . . . » 2. 50
Die Brenntheile (Platinschleifen) je nach Länge u. Dicke M. 1—2. —
Gerade Galvanocauteren mit festsitzenden Brenntheilen » 2. 50—3. —
Gebogene Galvanocauteren mit festsitzenden Brenntheilen M. 3. —
Porcellanbrenner, kleines ⎫ . . . . » 3. —
              mittleres ⎬ Exemplar . . . . . . » 3. 50
              grosses ⎭ . . . . » 4. —

Dr. Stöhrer in Dresden.

Preise der galvanocaustischen Apparate von Dr. Emil Stöhrer in Dresden.

1) Plattenbatterie aus 2 Systemen mit Hebevorrichtung auf Stativ von polirtem Eichenholz . 30 Thaler.
2) Blasebalgsvorrichtung zu No. 1 . . . . . . 3 »
3) Plattenbatterie aus 4 Systemen mit derselben Einrichtung . . . . 52 »
4) Blasebalgsvorrichtung zu No. 3 . . . . . . 4 »
5) Plattenbatterie aus 2 kleineren Systemen in Cylindergläsern mit Hebevorrichtung auf Stativ von Eichenholz für Zahnärzte . . . . . . 18 »
6) **Dieselbe Batterie** mit verschliessbarem Stativ, leicht transportabel . . . . 20 »
7) Eine Schneideschlinge mit Schnürwelle, **3 Paar** Röhren und Schlussschieber . . . . . . 18 »
8) Ein Porcellanbrenner, olivenförmig . . . . 3 »
9) Ein messerförmiger Brenner . . . . 4 »
10) Ein Kuppelbrenner . . . . 3 »   20 Ngr.
11) Etui für **Zahnärzte mit** folgenden Instrumenten: eine kleinere Schneideschlinge mit Zugschraube und 2 Paar Röhren, ein Universalheft mit Schlussschieber, in welchen sich die folgenden Cauteren einsetzen lassen: messerförmiger Brenner, Kolbenbrenner, **vorn** mit kleiner Kugel versehen, **gebogener** Zahnbrenner, **gerader** Zahnbrenner, lanzettförmiger Brenner . . . . . 33 »

Erklärung der Tafeln.

Taf. I.

Fig. 1: Middeldorpf'sche Zink-Kohlen-Batterie mit 2 Säuren.
  i, Kupferdraht, der in ein Quecksilbernäpfchen des Wechselstocks taucht.
  A, Wechselstock (Holzcylinder von 15 Ctm. Höhe und 6 Ctm. Durchmesser).
  $\left.\begin{matrix} K\,K\,K\,K \\ Z\,Z\,Z\,Z \end{matrix}\right\}$ 8 Löcher, gefüllt mit Quecksilber (Quecksilbernäpfchen zur Aufnahme der Poldrähte und Wechselscheiben).
  C, Schieber des Kastens zur Entfernung des Wechselstocks.
Fig. 2: Batterie mit 2 Elementen, von oben gesehen.
Fig. 3: Wechselscheiben.

Taf. II.

Fig. 1: Stöhrer'(Grenet'-)sche Chromsäure-Batterie.
  a) Stelle der Ansätze des Blasebalges,
  b) Vorrichtung zum Eintauchen und Herauswinden der Elemente aus der Flüssigkeit.
Fig. 2: v. Bruns'sche Zink-Kohlen-Chromsäure-Batterie, mit Hilfe der Beschreibung S. 26 wohl leicht verständlich.
Fig. 3: v. Bruns's Massstab für Glühversuche.

Taf. III.

Von v. Bruns beschriebene Zink-Platinmoorblei-Batterie.

Fig. 1: Die Batterie im Ganzen. Jedes Element ist aus 7 Platten zusammengesetzt.
Fig. 2: Die Verbindung der Elemente unter einander und mit den Leitungsdrähten.

Taf. IV.

Fig. 1: Bunsen's modificirte, von mir beschriebene Chromsäure-Batterie. Die Batterie an und für sich bedarf wohl keiner weiteren Erklärung als S. 36—41 bietet.
a) Strommesser (ähnlich einem Galvanometer),
b) Stöpselumschalter,
c) Schlittenrheostat,
d) die Kupferbleche, die die Batterie mit den Nebenapparaten und diese untereinander verbinden.

Fig. 2: Schema der Verbindungsdrähte der Batterie mit den Nebenapparaten; die römischen Zahlen bedeuten die Zinkkohlenelemente.
a) Strommesser,
b) Stöpselumschalter,
c) Kurbelrheostat,
d) Kupferbleche.

Taf. V.

Gramme'sche Magneto-Electricitätsmaschine.

M M, Electromagnet,
N und S, dessen halbringförmige Polenden,
R, Electromagnetring,
A, Schwungrad,
B, die spiralig und in Bündeln auf dem Ring aufgewundenen Drähte.
L_1 und L_2, Kupferstäbe,
C_1 C_2 C_3 C_4, Kupferdrahtpinsel,
K_1 K_2 K_3 K_4, Drahtklemmen.

Klemme K_1 mit K_2 verbunden, benützt man zur Erzeugung des Stroms für galvanocaustische Zwecke, Klemme K_3 und K_4 für den constanten galvanischen Strom.

Taf. VI.

Fig. 1: v. Brun's Universalhandgriff.
Der Leitungsdraht ist bei a durchschnitten und der eine Theil zur

Feder b a ausgehämmert, welche so gespannt ist, dass die beiden Enden bei a auseinandergehalten werden. Diese Art der Unterbrechung ist mit Ausnahme des Burow'schen bei allen andern Instrumenten angewendet. Soll die Kette geschlossen werden, so wird am Drücker D gezogen, bis die Feder F in die Vertiefung des Elfenbeinrings einschnappt. Der Drücker drückt auf den Stift S und hält somit die beiden Enden bei a zusammen. Beim Oeffnen wird gegen den Haken der Feder F zurückgedrückt. Soll die Kette vorübergehend und durch leichten Druck geschlossen werden, so wird die Feder F mittelst der Mutter M zurückgezogen, wodurch das Einschnappen der Feder verhindert wird. Die Feder ab drückt dann den Drücker wieder zurück und öffnet die Kette.

Fig. 2: v. Bruns's Handgriff für die Galvanocauteren. Durch leichten Druck auf den Knopf K erfolgt der Schluss der Kette, indem die beiden Enden des Leitungsdrahts auf einander gedrückt werden. Soll die Kette andauernd geschlossen werden, so wird der Schieber S vorgeschoben, an welchem unterhalb ein messingenes Plättchen C mit schief angefeilter Fläche befestigt ist. Die schiefe Ebene drückt beim Vorschieben auf den Ansatz der Schraube, auf welchem der Druckknopf befestigt ist und hält so die beiden Enden bei a zusammen.

Fig. 3: Burow. Der Leitungsdraht ist bei a unterbrochen. Die Leitung wird durch die Schrauben cc, die Feder F und die Schraube B vermittelt. Die Feder F liegt auf dem Ansatz der Schraube B. Die Kette ist somit geschlossen; wird am Drücker D gezogen, so wird die Feder vom Ansatz der Schraube B abgehoben und somit, da die Feder den Hals der Schraube nicht berührt, die Kette geöffnet. Soll die Kette geöffnet sein und durch leichten Druck geschlossen werden können, so wird zunächst die am Drücker befindliche Schraube S eingeschraubt, wodurch die Feder vom Ansatz der Schraube abgehoben und somit die Kette geöffnet wird. Nun wird die im Holzheft eingelassene Mutter M etwas gegen die Feder F geschraubt. Wird nun am Drücker gezogen, so berührt die Feder die Mutter M und stellt so den Schluss der Kette her. Dieser Handgriff ist ganz brauchbar, wenn man einmal Uebung in seiner Handhabung hat, für gewöhnlich aber ist er zu complicirt.

Fig. 4: Stöhrer's Schneideschlinge mit elfenbeinerner Schnürwelle und Sperrrad. Der die Schnürwelle haltende Schieber a, welcher zugleich eine in das Sperrrad eingreifende Feder trägt, lässt sich nach Lüftung einer in der Mitte angebrachten Schraubenmutter zurückschieben und die Schnürwelle herausnehmen.

Fig. 5: Dr. Schech's Schlingenschnürer. Der Verschluss entspricht dem Schlingenschnürer von v. Bruns, nur fehlt ihm der feste Schluss der Kette (vgl. Fig. 1).

Fig. 6: Dr. Schech's Handgriff für die Galvanocauteren bedarf keiner weiteren Erklärung (ähnlich Fig. 2).

In diese Handgriffe können sämmtliche im Kehlkopfe, dem Ohr, der Rachen- und Nasenhöhle zur Verwendung kommende Brenner eingefügt werden und genügen den meisten Anforderungen. Um die Schwere der mit einem Gummischlauche überzogenen Leitungsschnüre zu paralysiren, liess er an dem für Schlingen bestimmten Handgriffe die Schnüre unten eintreten, und zwar, was er hauptsächlich betont, zwischen dem an das hintere Ende des Griffes angeschraubten beweglichen Ring für den Daumen und dem an der untern Seite des Griffes befestigten Ring für den Mittelfinger. Die Schliessungsvorrichtung, ein kleiner Elfenbeindrücker, wie ihn schon v. Bruns angegeben, befindet sich unmittelbar vor dem Ring für den Mittelfinger und wird mit dem vierten Finger dirigirt, während der in einer schmalen Rinne der oberen Fläche laufende Schlittenring, an dem die Drähte für die Röhren befestigt werden, durch den Zeigefinger nach rückwärts gezogen wird. Die Zierlichkeit dieses Griffes mag daraus erhellen, dass derselbe bei einer Länge von 14½ Ctm. und einer Dicke von 1 Ctm. sammt den Leitungsröhren nur ein Gewicht von circa 40 Gr. hat.

Taf. VII.

Fig. 1: Leitungsstab für beweglichen Ansatz, gekrümmt.
Fig. 2: entenschnabelförmiger Ansatz.
Fig. 3: knopfförmiger Ansatz (olivenförmig).
Fig. 4: derselbe, von der Seite gesehen.
Fig. 5 u. 8: Modification von No. 2 für kleinere Höhlen, nur an der unteren Seite zu cauterisiren.
Fig. 6: Cauter zur punktförmigen Aetzung.
Fig. 7: spitzer Cauter.
Fig. 9: knopfförmiger Galvanocauter.
Fig. 10: Cauter für lineäre Aetzung.
Fig. 11: Porcellanbrenner.
Fig. 12: Leitungsstab für beweglichen Ansatz, gerade.
Fig. 13: gerader Doppelstab nach v. Bruns für die Schlinge.

Taf. VIII.

Fig. 1: Schech'scher Handgriff mit Schneideschlinge.
Fig. 2: knopfförmiger Brenner.
Fig. 3: modificirter knopfförmiger Brenner für punktförmige Aetzung und Anlegung von künstlichen Oeffnungen.
Fig. 4: winkelförmige Doppelröhren für die Schlinge.
Fig. 5: gekrümmter spitzer, unbeweglicher Ansatz.

Fig. 2.

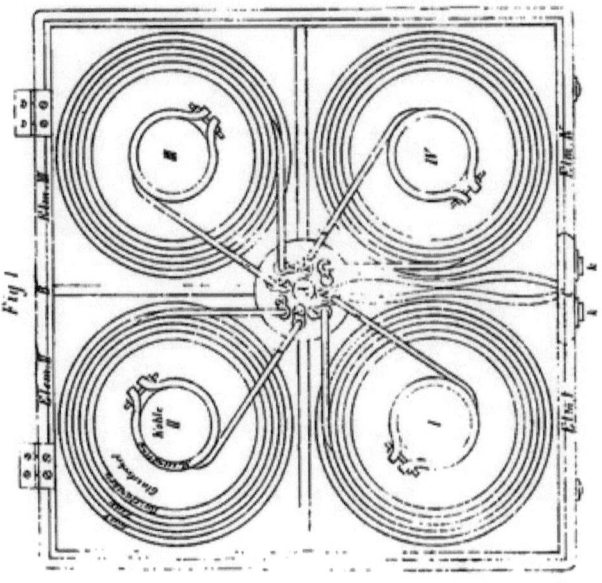

Fig. 1.

Fig. 3.

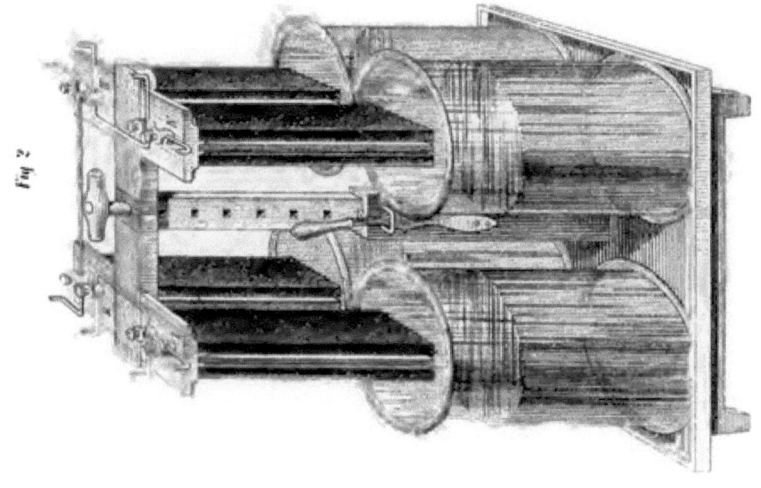

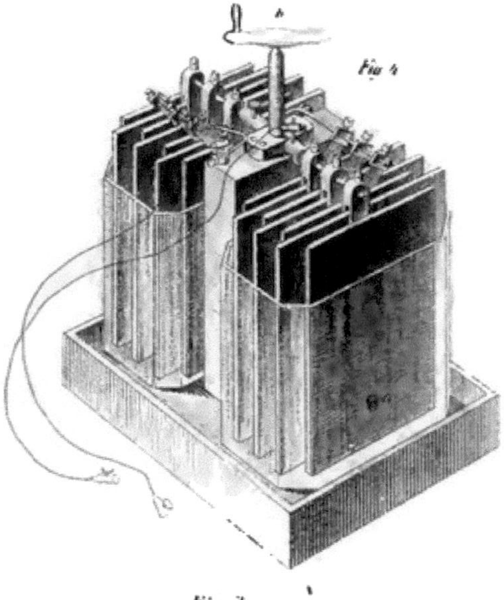

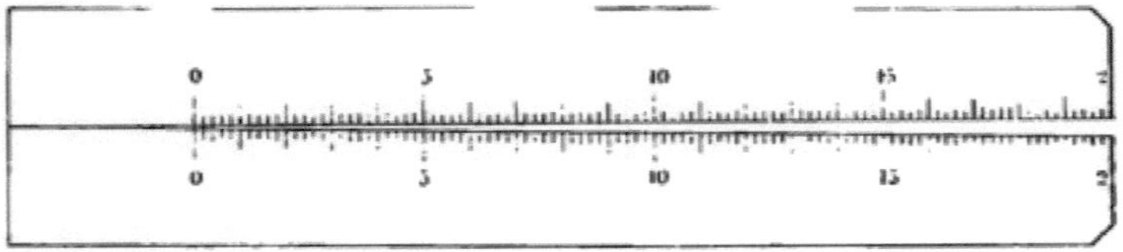

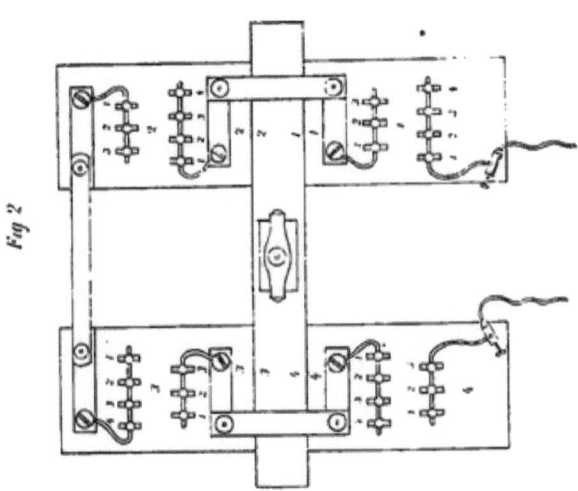

Fig 2

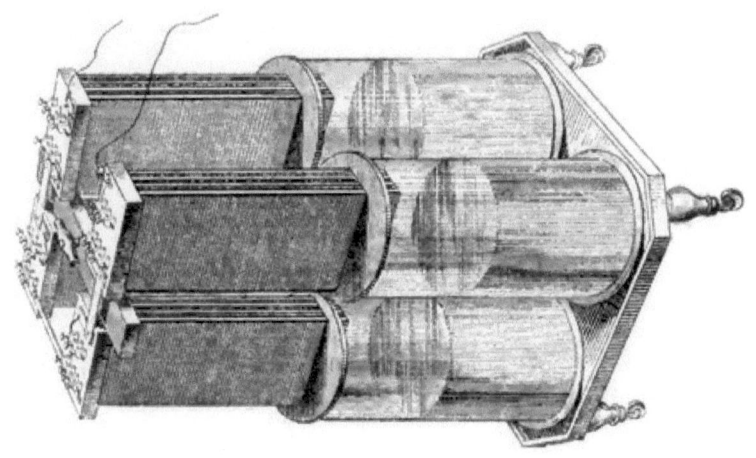

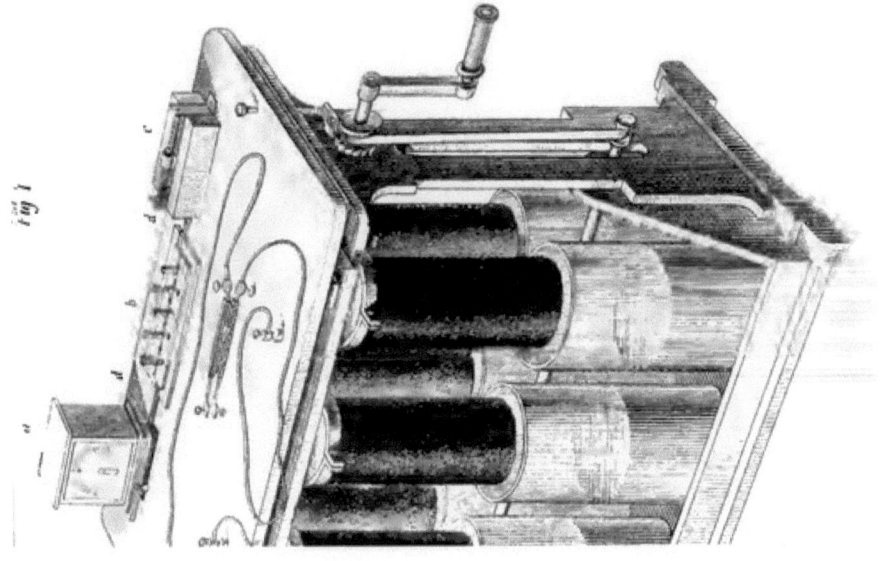

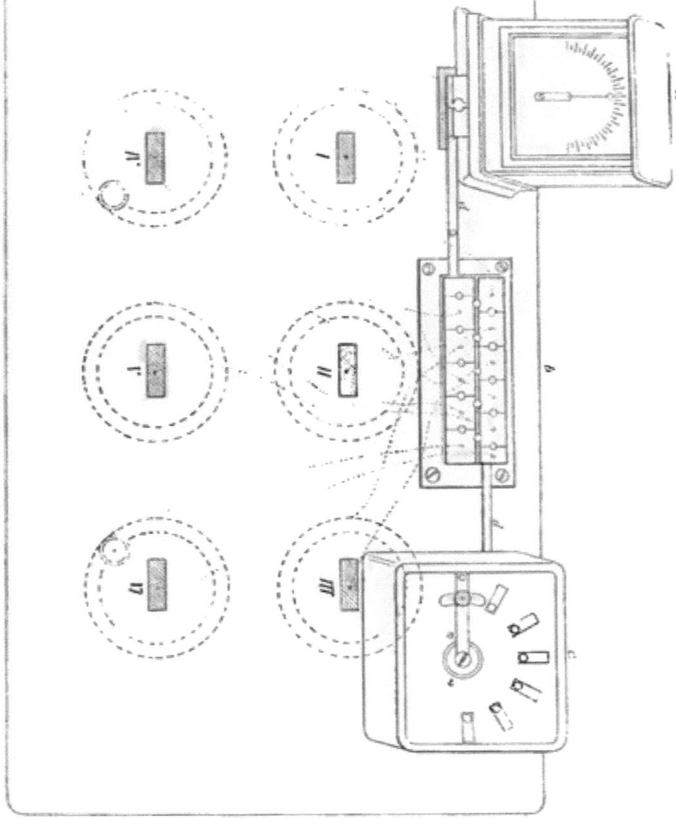

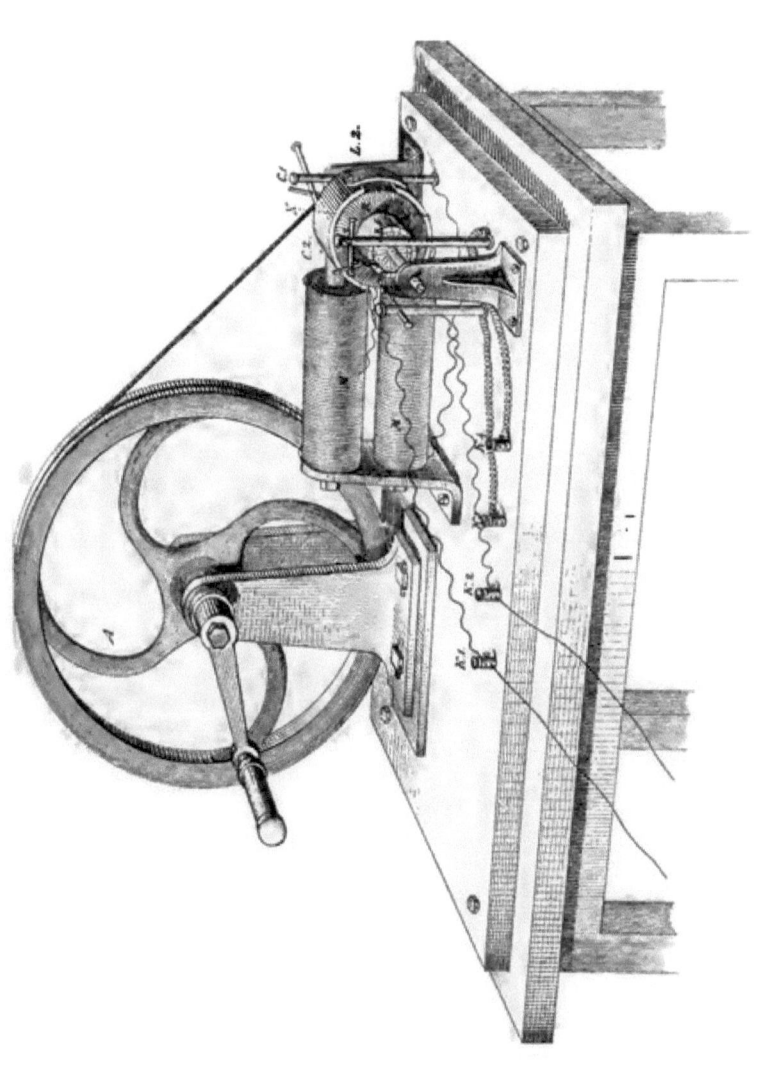

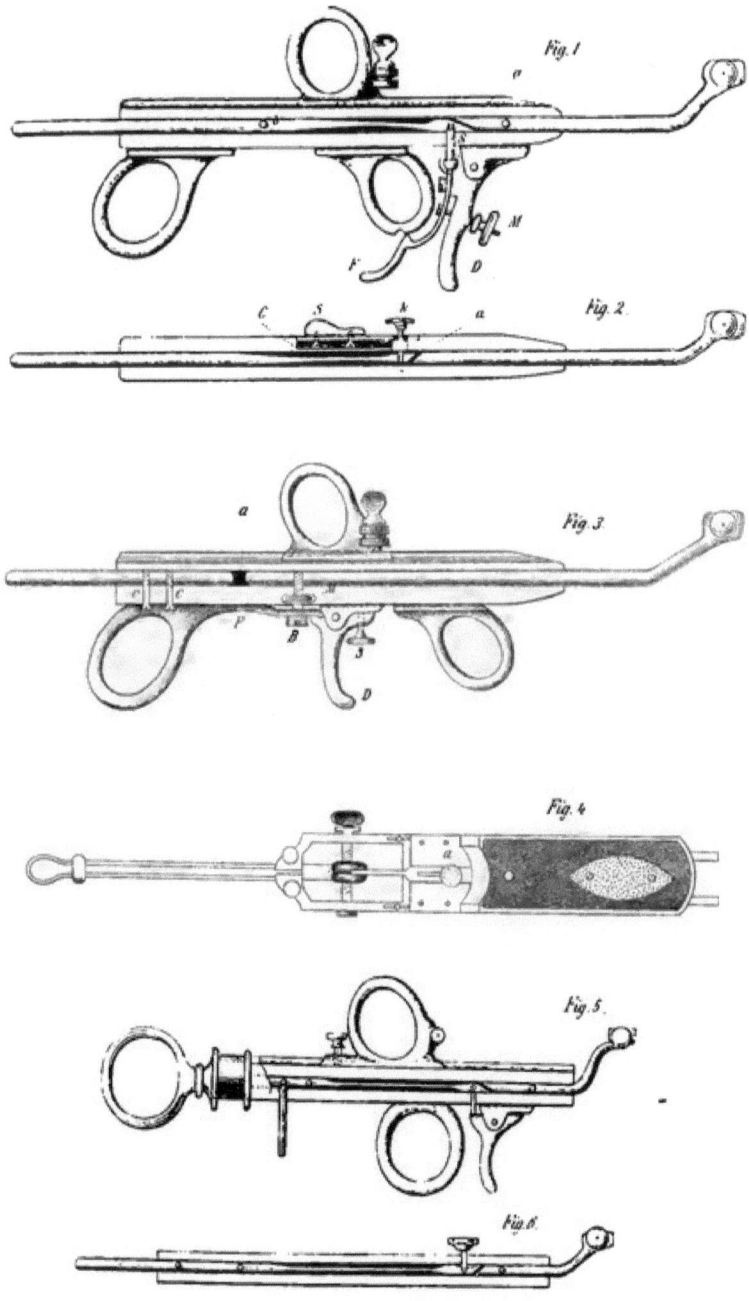

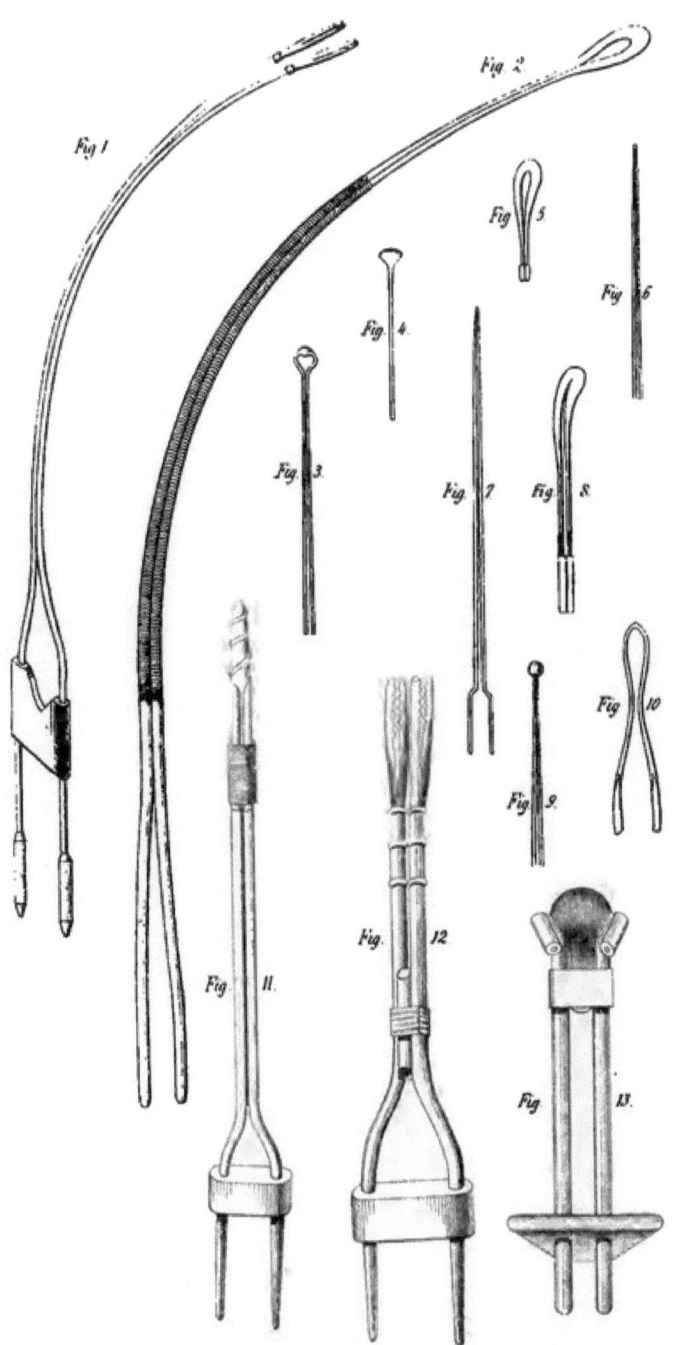

Taf VII.

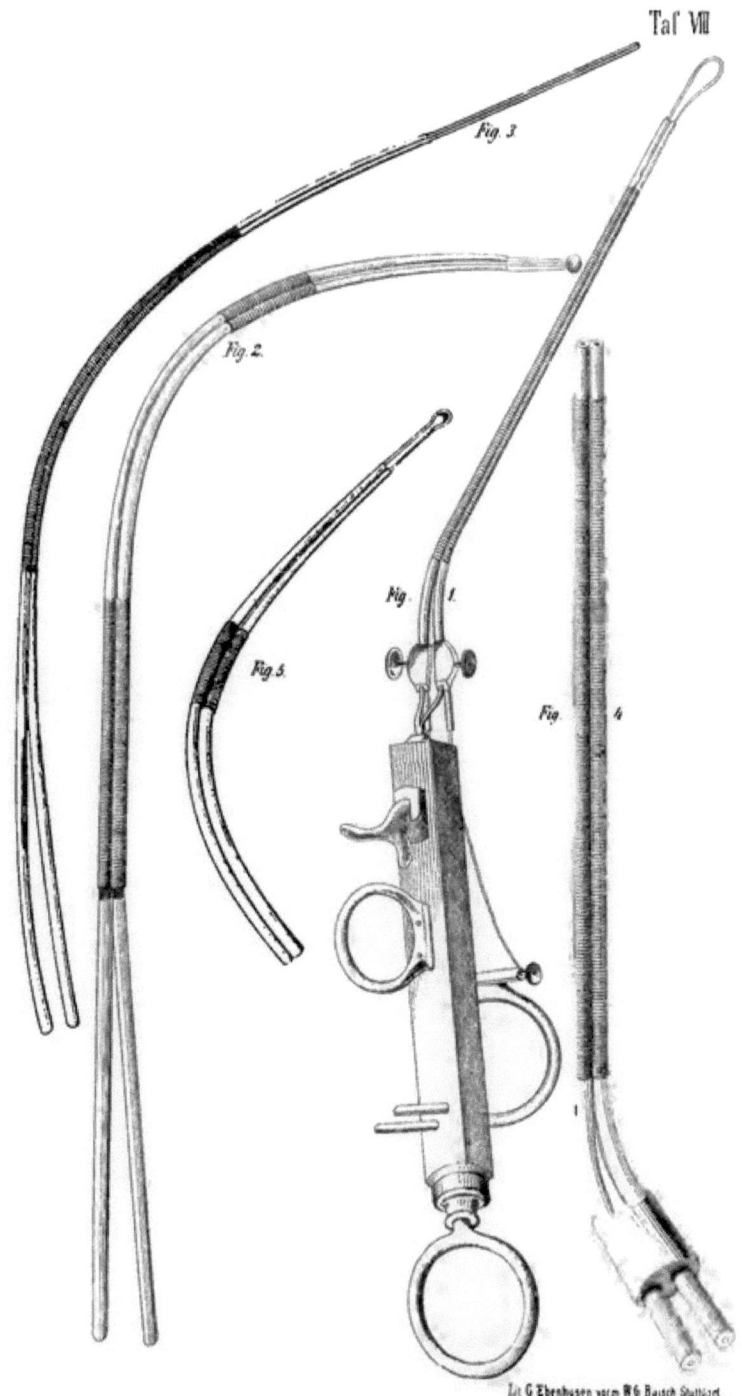

DE LA THORACENTÈSE

PAR ASPIRATION

DANS LA PLEURÉSIE AIGUE